わずらわしい人間関係に悩むあなたが「もう、やめていい」32のこと

オールイズワン代表
心理カウンセラー
石原加受子

JN216649

日本文芸社

はじめに

これを「やめる」と、人間関係の〝わずらわしさ〟が消える

「自分を大切にしましょう」というのは、どこにおいても言われる言葉です。

しかし、どうしたら自分を大切にできるのかを、具体的に知らない人も多いのではないでしょうか。

「自分を大切にする方法」をひとことで表すなら、「自分を感じる」ことです。たとえば、

・眠いと感じたら、眠る。疲れたら、休憩する
・苦痛に感じながら我慢していたら、我慢するのをやめる
・楽しいと感じたら、続ける。怖いと感じたら、しない
・面倒くさいと感じたら、自分のラクなところから取り組む

自分を大切にするうえで、こんな初歩的なことでさえ、自分の「感じ方」、つまり感情や五感、五感以上の感覚が基準となっています。

人との関係もそうです。

人間関係がわずらわしくなるのは、自分を大切にせず、気づかないうちに自分に無理を課しているからです。

自分の本当の感情を見つめず、「仕事だから」「家族だから」「友達だから」と、自分の〝感じた〟不快感や嫌悪感、怒りを押し込めて、感じないフリをしているのかもしれません。

自分が抱いているわずらわしさを具体的に特定して解消するには、感じる以外、方法がありません。自分を感じて、自分を基準にしてこそ、自分を守ることができるのです。

「自分を大切にする」＝「自分の心を感じる」

誰もが、幸せになりたい、成功したい、ラクな毎日を送りたいと思っています。

しかし〝感じる〟ことなしに、そんな願いを叶えることは不可能でしょう。

幸福感を味わう。充足感を覚える。喜びを感じる。

これらはすべて、〝感じる〟ことが前提となっています。幸せになるためにはどうしたらいいいか〝考える〟ことより、幸せを〝感じる〟心のほうが大切なのです。

現代は情報社会です。とりわけ、〝感じる〟ことより〝考える〟ことに焦点を合わせた思考文明です。本文でも詳しく紹介しますが、〝考える〟ことのみでできあがった世界には、前述のような幸せはありません。

仮に考えることで想像を働かせて満足感を覚えたとしても、それは〝感じる〟ことができるからです。その満足感を、味わうことができるからです。

〝感じる〟力を磨く、あるいは人によってはその感覚を取り戻すことは必須なのです。

感じる力が磨かれると、自分が「満足できたところ」に焦点が当たりはじめます。

「以前より、断ることができるようになった」
「昔より、頼ることができるようになった」
「以前より、心が軽くなってきた」
「あまり長く、悩まないようになってきた」
「だんだん切り替えが早くなってきた」

「あの人に対する怖さが、少し減ってきた」

「イライラしている人が近くにいても、最近、影響されなくなってきた」

自分が満足できること、幸せを感じられること、誇りに感じられることは、どんなところにも、無数にあるのです。

〝感じる〟力を磨くために、この我慢は「やめていい」

このように大切な〝感じる〟力を育てるために、本書で紹介するのは無用な我慢を「やめる」という練習です。

あなたは日々、「やりたくないこと」を我慢してやっているのではないでしょうか。かと思えば、「やりたいこと」も我慢しているのではないでしょうか。「やりたいこと」を実行したら、傷つくのではないか、人から否定されたり批判されたりするのではないかという恐れを抱いて、立ち尽くしているのではないでしょうか。

- 「やりたくないこと」→我慢してやる
- 「やりたいこと」→我慢してやらない

そうして**無理に「やりたくないこと」をして、「やりたいこと」を我慢**していると、自分がそれを「どう感じているか」に鈍感になってしまいます。

自分がやっていることを、自分が苦痛に感じているかどうかは、とても重要なことです。

もし苦痛に感じているとしたら、どんなに頑張ろうとしても、いずれできなくなってしまうでしょう。苦痛を感じる作業を無理に続けていると、ミスや失敗という方法で、自らつまずいてでもそれをやめようとするのが、私たちの〝無意識〟なのです。

人間関係においても、

「人とはうまくやっていかなければ」

「嫌われないようにしなければ」

と、苦手な人とも無理に付き合い、苦痛を感じている自分を押し込めているとしたら、決してよい結果にはならないでしょう。もし、あなたが今、

「わずらわしいな」

「もう面倒くさい」

というようなことを漠然とでも感じているとしたら、それはまさに、無意識に苦痛を感じている結果なのかもしれません。

本書で紹介している「やめていい」ことは、多くの人が無意識のうちに人間関係において「我慢してやっていること」に気づき、そこから自由になるためのものです。思考、振る舞い、聞き方、話し方、行動という5つの章に分け、各章では**「多くの人がつい我慢してしまいがちだけれども、やめたほうがラクになれること」**に焦点を当てて紹介しています。

それまで我慢していたことに気づいて「やめる」ことで、人間関係のわずらわしさから解放され、満足できる毎日が手に入るはずです。

人とうまく付き合おうと努力して、我慢して必死に行なってきたことでも、やめてみたほうがよりよい人間関係を築けることもたくさんあるはずです。

本書によってあなたがわずらわしい人間関係から解放され、より充実した毎日を手に入れることができれば幸いです。

目次

第1章

人間関係にわずらわされないために
この思考をやめる

第2章

この振る舞いをやめる

人間関係にわずらわされないために

第3章

この聞き方をやめる

人間関係にわずらわされないために

第4章

人間関係にわずらわされないために

この話し方をやめる

第5章人間関係にわずらわされないために

この行動をやめる

第1章

この思考をやめる

人間関係にわずらわされないために

1 「べき」思考をやめる

誰にでも思考のクセがあります。

その思考のクセが、自分にとって肯定的に働くのであれば問題ないかもしれません。

けれど、私たちは無意識に自分を苦しめてしまうようなことを、考えたりつぶやいたりしています。そんな中でも、最も一般的で、もしかしたら「当たり前だ」と思っている人すらいるに違いないものがあります。

それは、「〜べき」や「〜なければならない」という思考ではないでしょうか。

本書ではこれを「べき」思考と呼びます。

自分がどんどん苦しくなる「べき」思考

「べき」思考はひとことで言うと、自分を縛ってしまう思考です。

無自覚に「そうすべきだ」と思っているので、自分や相手に対して、「自分が～しなければ」「あなたは～するべきだ」などといった言葉をつかいがちです。

普段から、自分がどんな言葉をつかっているかを意識していないと、気づかない思考でしょう。

しかも、それがすでに当たり前になってしまうほど、自分の意識の中にがっちりと食い込んでいて、そんな思考が適切かどうかという疑問を抱かない人すらいるのではないでしょうか。たとえば、

「社会人として、周囲とうまく付き合っていくべきだ」
「人とうまくやっていくには、自分を抑えて合わせなければならない」

と思っているかもしれません。

自分では、そんな「べき」思考をしているつもりはなくても、家庭や社会の中で、絶えず叱られたり、一般常識として強制されたり、社会の雰囲気として感じとるうちに、

「人間として、大人として、こうあるべきだ」
「弱い自分であってはいけない」

「倹約するべきだ。遊びほうけてはならない」

などと思い込んでいることも少なくないでしょう。

「するもしないも自由」なことは意外と多い

セミナーで、どれだけ自分がそんな「べき」思考にとらわれているかを自覚してもらうために、こんな例題を出すことがあります。

「待ち合わせをしていた友達から、『約束の時間に遅れる』というメールがありました。こんなとき、あなたはどうしますか。どんな選択肢があるでしょうか」

と尋ねると、多くの人が「何、当たり前のことを聞いてくるんだろう?」と怪訝《けげん》そうな顔をしながらも、

「街を歩いたり、音楽を聴いたり、スマホを触りながら、待ちます」

などと答えます。

「他には」と尋ねても、いろいろな「時間の潰し方」の話は出てくるものの、肝心のひとつがなかなか出てきません。そこで、

「待つのをやめて『帰る』という選択肢に気づいた人はいませんか」

と尋ねると、「まったく思いつかなかった！」と答える人もいるのです。

言うまでもありませんが、「帰る」という選択肢が思い浮かばないのは、最初から、

「会う約束をしたから、自分は相手を待つべきだ」

と思い込んでいるからです。


「会いたいから、待ちたい」ならよいのですが、「待たなければ」とイライラしながら待つ人は、その気持ちを必死に隠して、遅れてきた相手と過ごすことになります。

そんなイライラをついぶつけてしまえば、待つことでかえって関係が悪くなるでしょうし、我慢していても、そんなイライラは伝わってしまうものです。

時と場合によって「帰る」という選択肢を選べる自分でいたほうが、よい関係が築けることもあるのです。


真面目な人や完璧主義の人ほど、このような「べき」思考にはまってしまって、苦しみがちです。

けれど、あなたが今、「すべきだ」あるいは「すべきではない」と思っていることの大半が、本当は「それをするも自由、しないのも自由」だとしたらどうでしょうか。

「べき」思考をやめるには

たとえば、

「ほしいものがあっても、贅沢をしてはいけないので、辛抱するべきだ」

と考えたら、買うのを我慢してしまうでしょう。

ではそんなとき、心の中はどうなっているでしょうか。逆にほしいものが気になって、もっとそれがほしくなっていくでしょう。そして、ついに我慢しきれなくなって買ってしまったとしたら、「買ってよかった」と思うよりは、

「ああ、こんな贅沢品を買ってしまった」

などと、自分を責めて罪悪感を覚えるでしょう。

では**「買うも買わないも、自分の自由だ」**と考えたらどうでしょうか。

「そうか、自由なんだ。じゃあ、ほしいから買おう」

「する」も「しない」も、私の自由♪

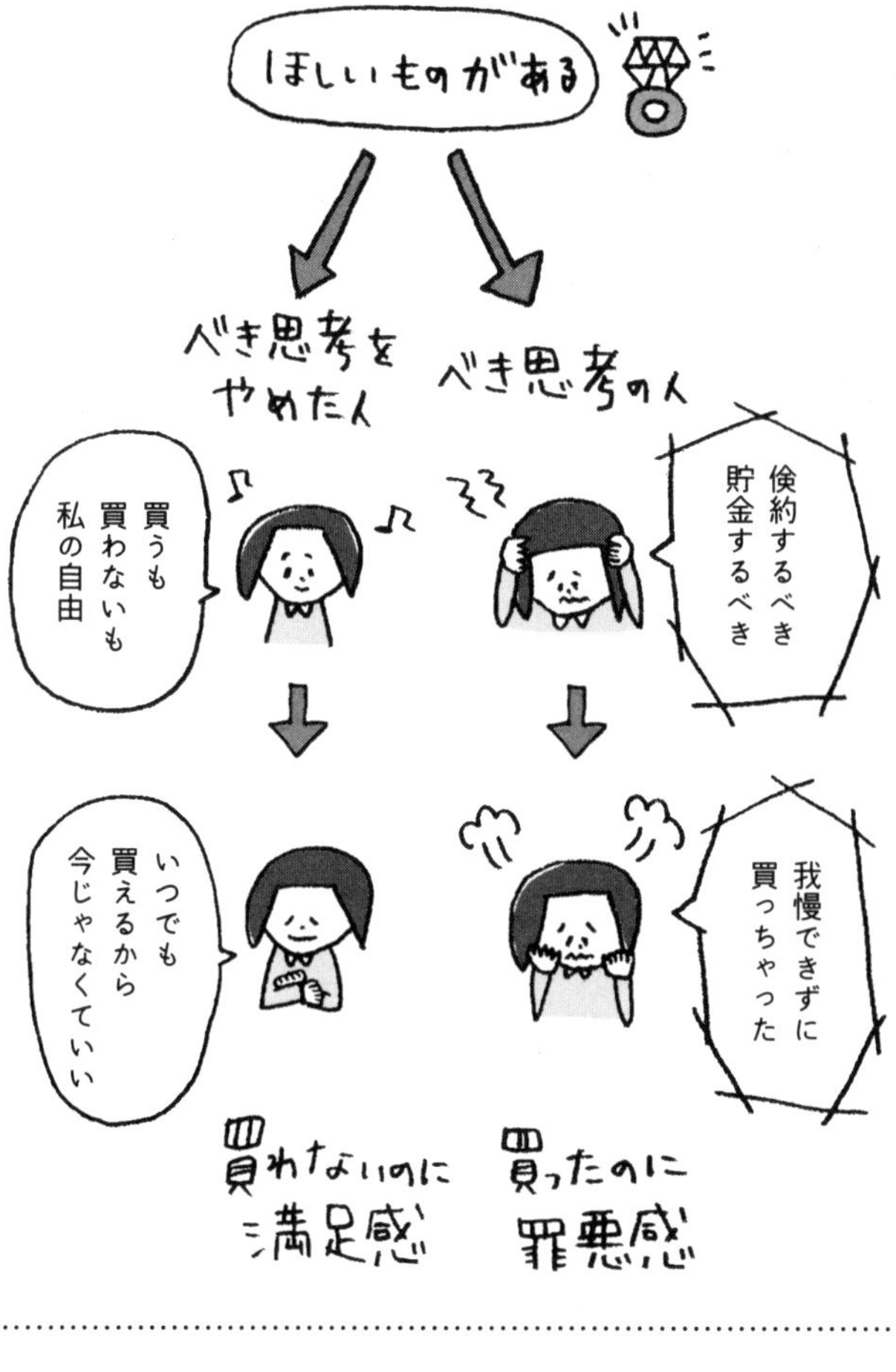

と、自分のために買うでしょう。そうして自分の欲求を認めて、ほしいものを手に入れたとしたら、

「ああ、買ってよかった。とてもほしかったので、嬉しいなあ」

と、心から満足することができるでしょう。

もしかしたらあなたは、そうやって、ほしいものを買って満足したら、

「そんな贅沢を自分に許したら、際限なくほしくなってしまうに違いない」

と恐れていませんか。

だとしたら、これも思考のクセだと言えるでしょう。

実際には、自分がほしいものを買うことを心から認められると、

「急がなくても、いつでも買うことができる」

と安心した気持ちでいられるので、かえって無駄づかいをしなくなるでしょう。

また、ほしいものを吟味する心の余裕も出てくるでしょう。

「べき」思考で生きると我慢することばかりで、どんどんわずらわしい人生になっていきます。一方、**「べき」思考から解放され、「するもしないも、私の自由」と感じて**

生きると、どんどん満足できる人生になっていくのです。

「べき」思考をやめるために、「〜べき」「〜なければならない」という言葉を意識して避けるだけでも思考は変わります。

「〜すべきだ」と考えたりつぶやいたりする代わりに、「するもしないも、私の自由だ」という表現をつかってみましょう。

「すべきこと」「しなければならないこと」は意外と少ないことに、気づけるのではないでしょうか。

「べき」思考を
やめる

「すべきこと」だらけで、息苦しい毎日に

「すべきこと」が少ない、充実した毎日に

2

同じなら安心？「カメレオン」思考をやめる

筆者は多くの著書で「自分中心」という生き方を提唱しています。これを「自分中心」心理学と呼んでいます。

「自分中心」心理学の基本とする概念は、「自分中心」「他者中心」の２つに大別できます。

「他者中心」とは、社会の常識や規範、ルールや規則にとらわれて、それに従うべきだ、周囲の人たちに合わせなければならないなどと、自分の外側に基準を置いて決めようとする生き方を指します。

他方、**「自分中心」とは、自分の欲求や気持ち、感情など、自分の内側に基準を置いて、**可能な限り自分の心に寄り添い、満たしてあげることをめざす生き方を指します。

この「自分中心」は、言い換えれば「自分を愛する」ということです。

人を基準にすれば、当然のことながら、さまざまな「すべき」や「すべきでない」という思考にとらわれて生きることになるでしょう。

自分を基準にすると、自分の心を見つめるために、自分の欲求や感情に気づき、そんな自分を大事にしたくなります。

この点が、「他者中心」と「自分中心」との決定的な違いです。

「みんな」が気になる、「他者中心」の思考

前述のような「他者中心」の生き方になると、自分の判断や行動を外側の基準に沿って決めようとします。

「みんながやっているから、する。みんながやっていないから、しない」

「みんなができているのだから、自分もできなければならない」

このように、「みんな」や「社会」に合わせようとするでしょう。**周りの色と同じにしようとする、カメレオン思考**です。

周囲や社会に「合わせるべきだ。従うべきだ」という意識でいれば、自分がやりたくなくても、

「できなければならない。従わなければならない」

と、自分に強制することになるでしょう。

けれど、そんな「べき」思考で自分を強く縛っていれば、「でも、できない」という状態になってしまったとき、次にはどんな言葉が想起されるでしょうか。

もう当然のように、

「しなければならないのに、できない自分は、ダメな人間だ」

と、自信をなくしてしまうような言葉をつぶやいているでしょう。

「他者中心」になると、ほぼ自動的に、

「〜できない」

「〜できない私はいけない。悪い」

といった言葉しか出てきません。そのために、他者中心になって思考すればするほど、自分を責めて、心の中は罪悪感のオンパレードとなっていくでしょう。

しかもそうして頭の中を、自分を否定する言葉でいっぱいにしていけば、やがて、もう何もかもわずらわしくなって放り出したくなってしまうでしょう。これが「他者中心」の末路なのです。

「自分中心」心理学で大切にしたいのはこれだけ！

「自分の欲求や感情」を基準にしてみる

では、「自分中心」の生き方になるとどうでしょうか。

「自分中心」は、前述しているように、物事の捉え方も常に自分を基準にしています。そのために、**「みんながやっているからする」という思考の仕方から解放**されています。

「(人はどうあっても)私は、こうしたい」

「私がこうしたいので、自分の心に沿った決め方をする」

「自分のために、こう行動しよう」

となります。これもほぼ自動的にそう発想します。

どうしてこのような捉え方ができるのでしょうか。それは、

「私が、こうしたい、したくない」

「私が、好き。だからこうする。私が嫌い。だからしない」

と、自分の欲求や感情を基準にしているからです。

そのために、「したい」ことができれば、

「自分のために、これができてよかった」

それを「したくない」と感じたら、これもまた、

「自分がしたくないと思ったことを、しないでいられて、よかった」

となります。結局、自分の気持ちを基準にしていれば、どっちに転んでも、

「自分の思いを叶えてあげて、よかった」

となるように、どんな自分でも認められるようになっていきます。

このように、人を基準にした思考で生きる「他者中心」、自分を基準にして自分の欲求や感情を大事にする「自分中心」とでは、まったく正反対の生き方となっていくのです。

「自分中心」と「自己チュー」の違い

「自分中心」の生き方について紹介すると、本当によくされる質問があります。

「自分の気持ちを基準にすると、わがままで、自分のことしか考えないような自己中心的な人間になりませんか?」

「自分中心」の基本は「私を認める。相手を認める」ことです。それはお互いの生き方、考え方、捉え方の自由を認め合うということです。

お互いに相手の自由を認め合う。この基本ルールを成立させるためには、**お互いに、相手の領域に無断で踏み込まないというのが、鉄則**です。それは、支配、コントロール、強要、強制をしないということです。「自己チュー」は、無断で相手の領域を侵しています。

これが、「自分中心」と「自己チュー」の決定的な違いです。

ちなみに「自分中心」心理学では、この自己チューは、「他者中心」の中に入れています。

同じなら安心？
「カメレオン」思考を
やめる

他人を気にして、無理に合わせる

「人は人。私は私」で、自分を大切にできる

3 エンドレスな「勝ち負け」思考をやめる

あなたはどうして、「勝ち負け」にこだわっているのでしょうか。

「だって、負けたら悔しいじゃないですか」

本当にそうでしょうか。ではあなたは人と争って、

「ああ、勝ってよかった！」

と心から満足したことはあるでしょうか。

「職場で上司に褒められたら、Aさんに勝ったと、誇らしく思います」

たしかに、褒められれば嬉しいものです。

では、褒められたあとはどう思いますか。

「嬉しいので、もっと期待に応えようと思います」

なるほどこれは、一見肯定的な場面のように思えます。では、そうやって期待されたとき、その期待に応えられなかったとしたら？

「もっと頑張りたい、と思います」

それでもできなかったら？

「もっと頑張るべきだ、と思うでしょうね」

それもできなかったら、どうでしょうか。

「(頑張るべきなのに、できない)私はダメだと思って、自信をなくすかもしれません」

勝ち負けを争っていけば、やっぱり最後には14ページで紹介した「べき」思考の罠にはまっていくようです。

相手を下げて、自分を上げても結局は……

ではもうひとつ。誰も褒めてくれなかったとしたら、どうでしょうか。

誰も自分を評価してくれる人がいなかったとしても、

「『ああ、Aさんに勝ってよかった』と心から嬉しくなったことはありますか」

こんな質問をしたとき、

「Aさんが失敗して、誰かに叱られたりしていると、不謹慎だとは思うのですが、ざまあみろと、仕返しした気分になります」

と答えた人がいました。

仮にそうやってAさんが失敗したからといって、

「それがあなたに、どういう影響を与えるのでしょうか」

と尋ねると、

「Aさんが失敗すれば、自動的に私の評価が上がることだってあるじゃないですか」

と言います。

「では、間接的にあなたの評価が上がれば、あなたはどう思いますか」

「評価が上がれば、期待に応えなければと思います」

「では、あなたがその期待に応えられなかったとしたら」

という問いを聞いた直後に、その人は、自分が「思考の振り出し」に戻っていることに気づいたのでした。

結局、**勝つために「頑張らなければ」と思い、頑張ることができなかったら自分はダメな人間だ、仕事ができないんだと自信をなくす**……ということになります。

勝ちたいのは、自信がほしいから？

勝ち負けを争っていけば、人に対して「自分を認めてもらいたい」という欲求が強くなります。この欲求そのものが間違っているわけではありません。「勝ち負けを争ってはいけない」と言うつもりもありません。

けれども**「人に認めてもらいたい」という欲求は、本来、「自分が自分を認めたい」という欲求から生じています。**

これは、言い換えれば、「自信」です。

文字通り「自分を信じる」ということです。

自分の価値を、自分が認める。

こんな「自信」をもつことができれば、その満足感のほうが、人に認められるよりもはるかに大きいでしょう。

何よりも、「自分が自分を認める」のですから、人に頼る必要がありません。

相手と比べて「勝った、負けた」ではなく、

「一か月前よりパソコン作業が早くなった、私は成長できている」

「私は仕事の期限や、待ち合わせの時間を守ることができる。それは価値のあることだ」

　と自分で自分を認めるのです。

勝ち負けを争って、相手に「勝つ」ことで満足感を得ようとしている限り、このような本来の欲求を満たすことは困難でしょう。

自分が自分の価値を認めてこそ、真の自負心や自尊心が生まれるのです。

エンドレスな
「勝ち負け」思考を
やめる

勝ち続けるか、相手を落とすしかなくなる

人に勝たなくても、自信がもてる

4 「わかってほしい」思考をやめる

人に対して**何かを「してあげたい」と思う気持ちと、「わかってほしい」と思う気持ちとは表裏一体の関係**です。

もともと相手に「してあげたい」という好意的、善意的な気持ちから行動しているときは、自分自身が相手にしてあげている行為そのものに、満足感を覚えています。

こんなときは「してあげている」という優位に立ったような意識ではなく、

「私がしたいから、している」

という気持ちになっています。

自分が「したい」のですから、その行為の責任は自分にあります。そこには、見返りを相手に要求する気持ちもありません。また、「したい」という自分の欲求から行動しているので、そうすることに満足感や充実感を覚えています。

けれども実際の場面で、自分では相手に「してあげたい」と思って行動しているつもりであっても、

「私が一方的にやってあげるばかりで、相手は全然やってくれない」

という不満が生じてくるとしたら、それは**「してあげなければならない」という思考があって、それが「してあげたい」という欲求もどきの言葉に変換されているだけ**なのかもしれません。

私ばっかり損してる？

この変換の根本は、やはり「～べき」「～なければならない」という思考にあります。

「人には、親切にしなければならない」

「職場では、みんなで助け合うべき」

「親には育ててもらったのだから、自分が大人になったら面倒みるべき」

こういった「べき」思考で、相手にしてあげているとき、得してその人は無理を

しています。にもかかわらず、「べき」思考で動くことに慣れている人たちは、おそらく自分が無理をしていることにすら、気づかないでしょう。

それでも、無理をしていることには変わりありません。無理をしていれば、「私ばっかり、相手にしてあげるのは、損だ」

と、損得勘定に走ってしまうのは、言うまでもないでしょう。そのために、相手に対しても、

「私がこれだけやってあげているんだから、あなただって、これぐらいやってくれてもいいんじゃないの」

と要求したくなるのは、当然のことではないでしょうか。

相手に「してあげたい」と思うとき、純粋に「私が〝したい〟」という気持ちであれば、自分自身がそれをすることで、満足感を覚えます。

けれども、その「してあげたい」の中に、相手から見返りを期待する思いが潜んでいれば、どうでしょうか。

相手に自分の思いを「わかってほしい」と望むようになるでしょうし、また相手がそんな自分の期待に応えてくれなければ、不満を抱くことになるでしょう。

「してあげたい」のつもりが……

34ページでお話しした「してあげたい」と「わかってほしい」は表裏一体だというのは、こういうことなのです。

「してあげたい」と「わかってほしい」のせめぎ合い

あなたが人に対して、「わかってほしい」と訴えているとき、どんな気持ちになっているでしょうか。たとえば、

「わかってほしいのに、どうしてわかってくれないの。どうしてわかってくれないんだ」

こんな言葉を何度も心の中で繰り返すと、どんな気分になってきますか。

その言葉のもつ語感が切羽詰まっているような気分を引き出すので、まるで追い詰められたような気持ちになってくるのではないでしょうか。

そんな気持ちで、相手に対して、

「私だってやってるんだから、あなただって」

「私がこんなに努力しているのに、どうして評価してくれないの」

「あなたのほうが間違っているのに、どうしてそれがわからないのよ」などという言葉を繰り返せば、「わかってほしい」というすがりたい気持ちを抱きながらも、相手を責めたくなるような気持ちも湧いているに違いありません。

たとえば、親子では、「母親が用意した料理を子どもが食べなかった」といったことでも争いになってしまいます。そうやって争っているときに、互いに感情的になって、自分の主張を通そうとするのは、「自分のことを、わかってほしい」と主張するからではないでしょうか。

第三者の目には、熾烈《しれつ》なバトルを展開しているように映ります。しかし、当人たちは、「自分のことをわかってほしい」と訴えているだけかもしれません。

もちろん双方が、相手に対してそれぞれに「わかってほしい」と訴えるのですから、わかり合えるわけがありません。

このような不毛な**「わかってほしい」という訴え合いから抜け出すには、「わかり合う」こと**です。

「わかってほしい」から「わかり合いたい」へ

「わかり合う」には、相手の心を感じる、共感の心が不可欠です。

たとえば、

「私は仕事も家事もしているのに、あなたは家事を手伝ってくれない。どうしてわかってくれないの」

と切羽詰まった気分になったとしましょう。

そんなとき、相手に共感する心が育っていれば、一呼吸おいて、

「私が勝手に、察してほしいと相手に要求しているだけだったんだ。黙って我慢していたって、相手がわかるわけないよね」

と気づくでしょう。だからこそ、

「じゃあ、自分の気持ちを、素直に相手に伝えてみよう」

となるでしょう。

言われた側にしても、共感する心があれば、相手に対して、

「それは大変だったね。あなたがそんな気持ちになるのは、理解できます」

という気持ちが湧くものです。

そんな気持ちから共感の言葉を口にできれば、相手も「わかってもらえた」と感じることができるでしょう。

「わかってほしい」と求めることをやめ、「わかり合いたい」という気持ちにシフトできれば、ずいぶんと人間関係のわずらわしさから解放されるのではないでしょうか。


「わかってほしい」

思考をやめる

「わかってくれない」「してくれない」とイライラ

共感する心で、わかり合おうとする

5

疲れるだけの「気づかい」思考をやめる

「人とうまくやっていくには、相手に気をつかわなければならない」

そう信じている人たちが大半ではないでしょうか。

「相手に気をつかう」というのは他者中心の典型です。

あなたが相手に気をつかっているとき、相手との関係はよくなっているでしょうか。

あるいは、そうして他者中心になって人を優先しているとき、あなた自身は満足しているでしょうか。

この、自分が「満足しているかどうか」はとても重要です。

無理をして気をつかい続けようとしても、どこかで限界がきて、気をつかうことができなくなってしまうからです。

〝思考〟と〝感情〟の大きな違い

多くの人が忘れがちですが、**「自分の気持ちや感情」と「自分の思考」は別のもの**です。感じることと考えることの違いだとイメージしてください。

そして大半の人が、〝感情〟よりも〝思考〟にとらわれがちだということも、知っておいてください。

〝思考〟にとらわれていると、自分のその時々の〝感情〟に無頓着になってしまいます。

絶えず相手に対して、

「こんなことを言って、気を悪くしないだろうか」

「こんなことをしたら、どう思うだろうか」

などと考えながら気をつかっていれば、ますます相手のことが気になっていくでしょう。

では、そうやって相手に気をつかっているとき、あなたは、その状態を心地よいと感じているでしょうか、それとも、窮屈に感じているでしょうか。

相手にとらわれて、常に相手がどんな状態でいるのか、どんな気持ちでいるのかを憶測したり、嫌われることやトラブルになることを恐れながら「相手に気に入られるように動こう」としているとき、あなたの心は決して心地よいとは感じていません。

しかも、あなたが相手に気をつかいながら行動しているとき、相手があなたの努力に無反応だったりすると、「こんなに気をつかっているのに、なんて鈍感な人なんだろう」と、不満を抱くでしょう。

さらに、あなたの気づかいに対して、反対に相手から、

「頼んでもいないことを勝手にやられたら、迷惑なんだよ」

などという言葉が返ってきたら、あなたはいっそう傷つくことになるでしょう。

気をつかうというのは、こういうことです。

気づかったつもりになるより、率直に聞いてみる

あなたが相手に気をつかっているとき、あなたはさまざまな恐れを隠しながら我慢しています。

けれども、実はあなたのそんな恐れや緊張が、相手を苦しくさせています。相手があなたから離れるとしたら、それが理由であると言っても過言ではありません。

あなたが自分の気持ちを隠して相手に気をつかったとしても、その努力は報われず、相手に不満を覚えるどころか、それがかえって相手を遠ざける原因となっているとしたら、なんと不毛なことをしているのでしょう。

たとえば、相手に「プレゼントしたい」と思ったとき、「何を贈ろうか」などと思いを巡らしているときは、自分自身が幸福な気持ちになっているでしょう。

「でも、相手が喜んでくれなかったらどうしようと考えると、やっぱり気になってしまいます」

もちろん、そんな可能性もあるでしょう。しかし、

「だから、相手の顔色をうかがって、気をつかわなければならない」

と思考してしまうのは、間違っています。

もしあなたが、相手にプレゼントをしたいと思いつつも、

「いらない、と言われたらどうしよう」

「気に入ってくれなかったらどうしよう」

などと一方的に考えたり、相手の心をあれこれ憶測して思い悩めば、プレゼントをすることもわずらわしいと感じてしまうでしょう。

そんなときは、

「何かプレゼントしたいんだけど、何がほしい？」

などと、相手に率直に尋ねてみる、というのも、わずらわしさから解放されるためのスキルのひとつです。

実際のところ、相手に対して過剰に気をつかってしまうのは、自分の中に、

「傷つきたくない、嫌われたくない、争いたくない」

といったさまざまな恐れがあるからです。

そんな恐れを頭で解決しようとしても、すっきりする解決方法が見つかることは、あまりないでしょう。

それよりも、

「気になることがあったら、率直に相手に尋ねてみる」

疲れるだけの「気づかい」思考をやめる

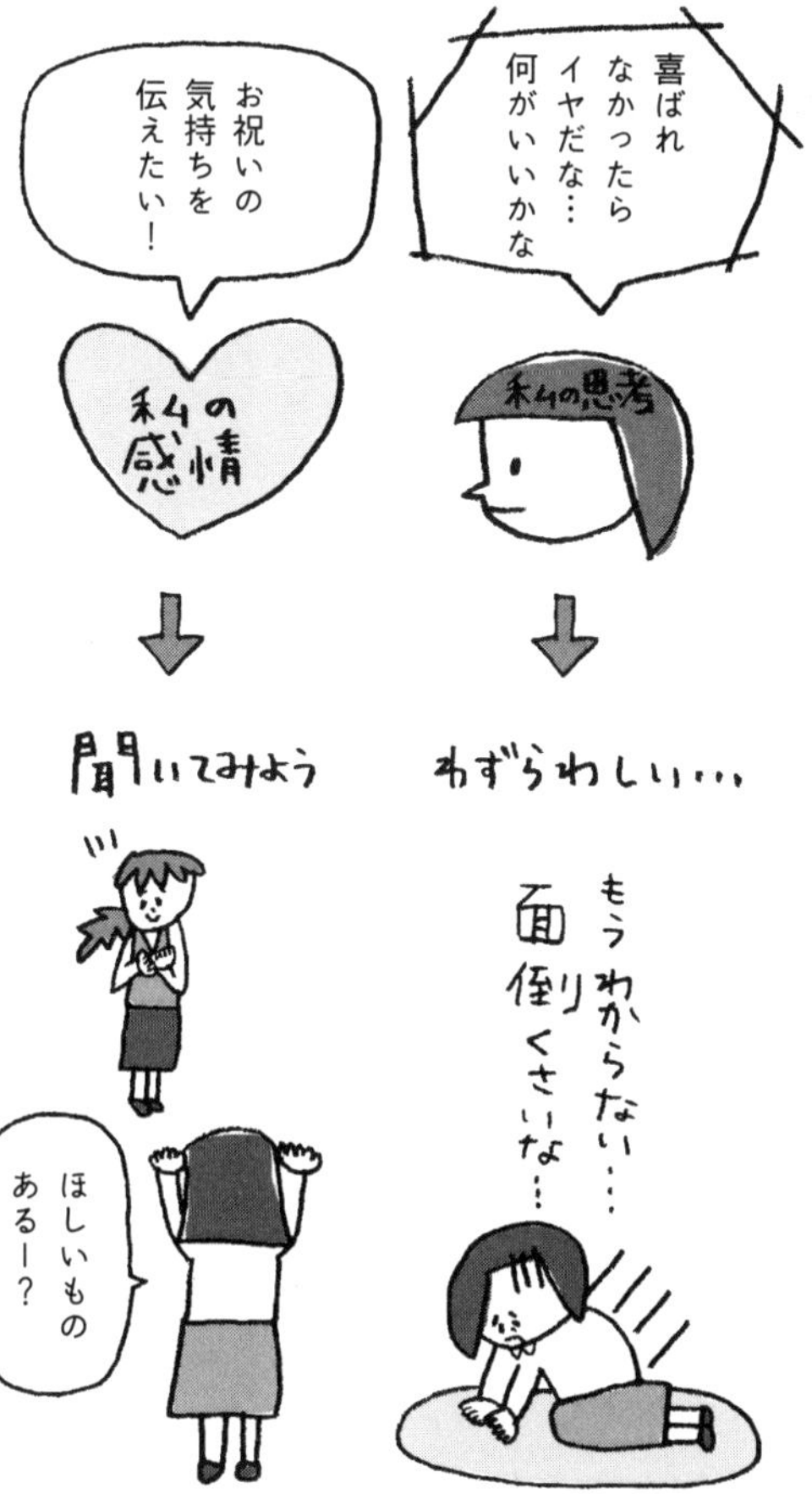

という勇気を育てたほうが、はるかに有益なことではないでしょうか。

気づかいをやめて、相手との関係が悪化することはほとんどないでしょう。

むしろ、恐れを隠しながら気をつかって疲れる関係になるより、すっきりとした気持ちのいい関係になるかもしれません。

恐れを隠した気づかいをやめることで、さまざまなわずらわしいことが、かなり減少することは間違いありません。

疲れるだけの
「気づかい」思考を
やめる

誰の役にも立たない「気づかい」を続ける

「気づかい」の呪縛から解放される

6

被害妄想が止まらない！「深読み」思考をやめる

他者中心になって思考にとらわれている人たちは、

「何を思っているのだろうか」

「何を考えているのだろうか」

などと、相手のことをいろいろと詮索したり、相手の心の中を探りたがります。

けれど、そうして頭で考えていることは、ほとんどの場合、的を射ていません。

「事実」と「憶測」を混同して、深読み思考に

たとえば、ある女性Aは、

「私は励ますつもりでメールを送ったのに、返事が来ないのは失礼だ。返事をしないのは、私に嫌がらせをしようとしているからだろう。どうして、こんな嫌がらせをす

るんだろうか。私の思いやりを仇で返すなんて、もう絶対に許さない」

などと、勝手に相手の思惑を深読みして腹を立てていました。

けれども、実際に起こっている事実はどうでしょうか。それは、

「メールの返信がない」

ということだけです。

このように**起こっている「事実」と自分の頭の中の「憶測」を混同して深読みをしてしまうと、実際以上に人間関係の悩みは増えてしまいます。**

この女性Aの場合は、実際に起こっていないことまで勝手に考えてしまい、腹を立てていますが、このとき相手Bがメールをすぐに返せなかったのは、

「メールの内容が、気軽に返答できるものではなかった」

というのが真相でした。

さらにもうひとつ。Bが「気軽にできなかった」のは、「Aはすぐに人のことを深読みして、勝手に傷つく」という彼女の性格を知っていたからです。

そのために、

「返信しないと、腹を立てるだろう。けれども、返信のメール内容が、もしかしたらAを怒らせるかもしれないので、慎重にしなければならない」

などと、どちらに転んでも「Aが怒るのではないか」と恐れている状態だったのです。

「事実」だけに目を向ければ、こじれない

ところがAはそもそも、自分自身が出したメールが「返答に困る内容だった」と考えることはできません。

ここが、他者中心の思考にとらわれている人の大きな欠点です。

Aにあるのは、

「私がメールを出したのは善意なのだから、相手も善意で答えるべきだ」

という思考です。そこからスタートすると、返信が来ないのは、つまり、

「自分を嫌っているからだ」

「自分に悪意を抱いていて、自分に嫌がらせをしているのだ」

という論理になってしまうのです。

わずらわしい人間関係にとらわれている人ほど、「実際に起こっている事実」だけに焦点を当てることができずに、その事実を基盤にして、勝手に類推したり邪推したりしていきます。

そして、あたかも憶測が真実のように考えてしまいます。

そんな憶測が、人との関係を勝手にこじらせて、いっそうわずらわしい人間関係を築いてしまうことになるのです。

このような関係にならないためにはまず、

「事実だけに、焦点を当てる」

ということです。

これは、物事をすっきりと解決するためには、非常に重要なポイントです。

この「事実」を元にして、あれこれ相手の思いを深読みすると、あたかも自分が創り出した虚構の世界を事実だと錯覚し、勝手に人に腹を立てたり恨んだりしてしまうことになってしまいます。

「考えないようにする」より、「感情に目を向ける」

では、このような自分の生み出した憶測にはまっていってしまった場合、どうしたらいいでしょうか。

こんなとき、〝思考〟にとらわれている人は、ほぼ決まって、
「じゃあ、考えないようにすればいいんですね」
と答えます。もちろん考えないでいられればいいのですが、**堂々巡りの考えを繰り返すのが、〝思考〟にとらわれている人の頑固なクセ**です。

ですから「考えない」というのは無理な話です。

だからこそ、こんなときには自分中心になって、「自分の気持ちや感情」のほうに意識を向けるのです。

先ほどの女性Aの例で言えば、
「返信メールが来ないので、不安になった。心配になった」
そんな自分の気持ちに気づいたら、それをそのまま、

「返事が来ないので、気になっています。何か、あなたを傷つけるようなことを言ってしまったでしょうか」

などと、自分の気持ちを素直にメールすればいいということです。

こんなふうに、返事を悶々と待つよりは、自分のほうから自分の「気持ちや感情を伝える」ことが、わずらわしい人間関係を解消する方法のひとつなのです。

被害妄想が止まらない！
「深読み」思考を
やめる

実際に起こっていないことにまで怒る

余計な怒りや悩みを抱えずにすむ

第2章

この振る舞いをやめる

人間関係にわずらわされないために

7 「みんな」と仲よくするのをやめる

多くの人たちが、当たり前のように、「みんなと仲よくしたい」と言います。

そして、仲よくなるための努力を惜しみません。付き合いのいい人になろうとしたり、話を合わせたり、笑顔をつくったり。

けれども、「みんなと仲よくしたい」と言うとき、自分がどんな気持ちで口にしているかを、改めて感じたことはあるでしょうか。

たとえば、職場や学校などにいる嫌いな人や、過去に自分を傷つけた人を思い描いているときも、心から「みんなと仲よくしたい」と言えるのでしょうか。

本当に、みんなと仲よくしないとダメ？

第1章でもお話しした通り、〝思考〟と〝感情〟とは別物です。

自分中心の人は、自分の感情に焦点を当てることができます。ところが、他者中心の人たちの多くが、自分の感情に焦点が当たっていません。

それは、絶えず意識が他者に向かっているからです。他者中心の人は、周囲の動向に意識が向かっています。

他者中心になることで、メリットがないわけではありません。たとえば、

「私は、あの人に、尊敬されている。好かれている」

「あの人もやさしい、この人もやさしい。みんなやさしい人ばっかり」

などと考えれば、それが勘違いであっても、嬉しくなるでしょう。

けれども、今の社会にあっては、他者に対して好意的な見方をするよりは、否定的な見方をしてしまう人たちが圧倒的に多いでしょう。

あるいは、他者に対して否定的な気持ちを抱いていないにしても、自分の評価が低ければ、

「私以外の人たちは仲よくし合えるけれど、こんな私を好きになってくれる人なんて、誰もいない」

などと思っていたりします。自分に対してこんな否定的な思考をしていれば、

「みんなは自分をどう思っているか。人が自分を、どう評価しているのか」
「あの人に、声をかけられなかった。嫌われているんじゃないだろうか」
などと、いつも他者の言動に神経を尖らせ、また、相手の言動に敏感に反応し、気に病むことになるでしょう。

自己評価が低くて、他者を否定的に捉えていれば、嫌われることや責められることを、極端に恐れるようになるでしょう。

そんな他者中心の人たちは、相手が善意で何かアドバイスをしたり注意したりしても、「責められている。非難されている」ように聞こえます。

相手のことを気にしていけばいくほど、人付き合いをわずらわしいと感じたり、場合によっては「人が怖い」と捉えるようになっていくでしょう。

ところが、このように他者に否定的な気持ちでいる人ほど、
「人とは、仲よくしなければならない」
と言います。

もちろんそれは、人に傷つけられることを恐れているためもあるでしょう。

「他者中心」だと、人の言動が気になる

「みんなと仲よくする」と、最初から頭上に掲げてしまえば、

「仲よくできない私は、いけない」

となってしまいます。けれどもこれは、最初から自分の気持ちや感情を無視していることなので、思考そのものが間違っています。

「みんなと仲よく」は理想として、「未来的に、人類が仲よく暮らせたらいいなあ」程度のものであって、それを自分に課すことはできません。

「仲よくする」より大事なこと

ではここで、

「ああ、そうか。私は、みんなと仲よくしたいのではなくて、人が怖いんだ」

とつぶやくと、どんな気持ちになるでしょうか。

あるいは、

「みんなと仲よくするよりも、今、自分が感じている気持ちのほうが大事なんだ。嫌いな人は嫌いでいいんだ。苦手な人は苦手でいいんだ」

このように捉えると、どうでしょうか。実際に、この文章を、声を出して読んでみましょう。そして、どんな気分になるかを確認し、改めて実感してみましょう。

これだけで、心が軽くなるのではないでしょうか。

それは、**他者よりも、自分の感情や気持ちのほうに焦点が当たっている**からです。

しかも、自分がどんな感じ方をしたとしても、それを、自分自身が認めています。

すぐに「人が怖い」という気持ちを解消することはできないとしても、自分の「今の感情や気持ち」を認めることは、人間関係のわずらわしさを解消していくためにも必須なのです。

「みんな」と
仲よくするのを
やめる

「みんな」に好かれるよう振る舞う

自分が好きな自分でいることを優先できる

8

ストレスに強いフリをやめる

あなたは今の社会をどのように捉えているのでしょうか。

「この社会はストレスでいっぱい。ストレスに強い自分にならなければいけない」

「社会は厳しいんだから、我慢しなければならない」

「つらいことがあっても、それに耐えるために、強い精神力を身につけなければ」

このように思っている人は少なくないでしょう。あるいは、

「この世の中は、競争社会だから、戦って生き残らなければならない」

とまで思っているかもしれません。

では、もしあなたが日頃からこう考えているとしたら、この瞬間のあなたの身体は、どうなっているでしょうか。

そうですね。緊張していると思います。

まさにこれが、ストレスを抱えている状態です。

ストレスに負けちゃダメ！という考えもストレスに

自分よりも相手に意識が向いている他者中心の人は、普段から、自分がどんな言葉をつぶやいたりどんな思考をしているかに注意を払いません。そのために、自分が「ストレスを覚えるような思考をしている」ということにすら、気づいていないでしょう。

けれど、気づいているいないにかかわらず、

「社会は厳しい」

「でも、ストレスに負けちゃダメだ」

といった言葉をつぶやいたり思考したりしていれば、その思考によって、絶えず自分をストレスにさらすことになるでしょう。

では、これはどうでしょうか。

「そうか、自分が知らないうちに、ストレスを増やすようなことを考えてしまっていたのか。じゃあこれからは、**もっと自分に注意を払って、どんな思考をしているかに気づこう。**気づいたら少しずつ、こんな思考をやめていこう」

こうつぶやいてみると、どうでしょうか。これだけで、緊張が少しほぐれるのではないでしょうか。

このように気づかないうちに、自分が勝手に「ネガティブな思考をする」ことでつくり出しているストレスもあるのです。

「ストレスに強い人」は本当に強い？

「でも、きつい仕事が多かったり、仕事がつらくて一度休んでしまったらなかなか復帰できなかったりします。社会が厳しいというのは、現実です」

「だから、ストレスに強くなることや強いように振る舞うことは、必要なのでは」

と反論したくなる人もいるでしょう。

もちろん、そうですね。

ではここで、あなたの身近に、「ストレスに強い」と思っている人がいますか。

すぐに思い浮かばない人は、

「今の社会は厳しいから、どんなストレスにも耐えられる自分になりたいなあ」

などと、頭の中で「漠然と考えている」だけなのかもしれません。

そうだとしたら、あなたがどんなにストレスに強い自分になりたいと願っても、その方法も思い浮かばず、ずっとストレスを抱えたままになるでしょう。


では、あなたの身近に「ストレスに強い」と思える人がいるとしたらどうでしょうか。

まず、その人はどんな人ですか。それを思い出してみましょう。

もしかしたらその人は、普段から険しい表情をしていませんか。

もしそうだとしたら、あなたが思い描いている「ストレスに強い」という概念そのものが間違っていると言えるでしょう。

なぜなら、そうやって険しい表情でいる人は、どんなに「ストレスに強い人」だと見えたとしても、その表情そのものが、すでに強いストレスを感じている状態だからです。それは、人と戦いながら我慢している姿であるとも言えるでしょう。

人と戦いながら、我慢して踏ん張っていれば、強いストレスが生じます。そんな頑張りは、いつか折れてしまうでしょう。

「ストレスが生まれない生き方」を

ではあなたの目から見て、肩の力が抜けて、リラックスしているように見える人はいませんか。そうでありながら、仕事もスムーズにこなしている人です。

こんな人こそ、本当の意味で「ストレスに強い人」でしょう。

こう言うと、もしかしたらあなたは、「明るく朗らかで、誰とでも付き合えて、みんなから好感をもたれる人」を、イメージするかもしれません。

残念ながら、そのような人が「ストレスに強い」とは限りません。そんな人はもしかしたら、自分の心を偽っているかもしれないからです。

自分を偽って、好感をもたれる自分を演じることも、ストレスの種となるものです。

それはまた同時に、

「明るく朗らかで、みんなに好かれなければならない」

といった思考で、「自分を否定する」というストレスも抱えています。

厳しいと言われる社会でストレスとうまく付き合える人は、自分を否定するよりも自分を受け入れています。たとえば、「弱い私。暗い私。好かれない私」も認めています。

実は、これは「ストレスに強くなる」というよりは、**「ストレスを感じるような自分にならない」**ということです。

これは、「ストレスを感じない」ということではありません。

「ストレスに強い人」になるよりは、「ストレスが生まれない生き方」をめざすということです。それにはまず、どんな自分でも認められる自分になっていくことが大切です。

ストレスに強いフリを
やめる

ストレスに負けないよう、我慢し続ける

ストレスを感じる状況をつくらない

9

「仕事中は感情を殺す」のをやめる

おそらく大多数の人が、「仕事に個人的な感情を持ち込んではいけない」と思っているでしょう。

「仕事なんだから、（個人的な感情は抑えて）我慢しなければならない」

「言われたことは、（したくなくても）しなければならない」

「仕事をするときは自分の職務内容や立場を自覚して、感情を抑えなければならない」

と思っている人もいるかもしれません。

そう言いながらも実際には、まったく不平不満が聞かれない職場というのは皆無です。不平不満がどんな職場でも起こるのは、それぞれが感情的に満足していないからでしょう。

私たちは仕事であっても、感情を抑えられないもの。傷つけられると、なかなか許せないものなのです。

仕事で感じた不快感を割り切ったつもりでも、無意識はしっかりと覚えています。解消できなければ、どこかで「仕返しする」チャンスを狙います。

たとえば職場でも、相手の言葉に対して、イヤミで返す人がいますよね。どんなに冷静を装っていても、これも感情的になっていることの表れです。

イヤミを言うのは、決して、知性があるからではありません。言葉を用いて、感情的に「仕返し」をしているだけなのです。

そんな仕返しの気持ちがあれば、嫌いな相手が優れたアイデアを出したとしても反対する、というようなことを無意識にやってしまうのです。

無意識のうちに「仕返し」を狙っている！

どんな組織の中にも、大なり小なり派閥があります。派閥というほど大仰でなくても、どの上司や先輩の側につくか、という場面もあるでしょう。

そんなとき、

「冷静に考えると、こちらについたほうがメリットが多いから、こちらを選ぼう」

と損得勘定で選んでも、「好き嫌い」という感情は、頭で割り切れるものではありません。

属した派閥が肌に合わなければ、次第に苦痛を覚えて、いづらくなっていくのではないでしょうか。

どんなときもどこにおいても、感情を抜きにして語ることはできません。根本的に、私たちは感情を抑えることができないのです。

圧倒的多数の人が、自分の感情を抑えなければ、仕事を円滑にすすめることができない、と信じています。

実はこれこそが、間違った思い込みです。

もし仮にあなたが自分の感情を抑えているとしても、**私たちは無意識のところでは、感情を基準にして選択していきます**。

私たちは、「自分の感情」を抑えることはできません。ですから、自分の感情を否定して抑えることのほうが不自然なのです。

仕事では「感情を抜き」にしたいけど……

むしろ、自分の中にあるネガティブな感情を認めたほうが、感情的になるようなことが少なくなっていきます。

これはどうしてでしょうか。

アクセルとブレーキを同時に踏んでない？

まず、**自分の感情を抑えていれば、「自分の感情を抑える」ために、自分のエネルギーをつかうことになります。**場合によっては、それだけで体力も気力も消耗し尽くしてしまうでしょう。

それは車にたとえると、アクセルを踏みながら、ブレーキをかけている状態です。

しかし、車を停車させるのであれば、ブレーキを踏むだけですむことです。

非常に無駄なエネルギーを費やしている、ということになります。

しかもそうして、嫌いな人の前で感情を抑えて仕事をしていれば、いっそう相手の言動がわずらわしくなっていくでしょう。

それがエスカレートしていけば、嫌いな相手と寝ても覚めても、四六時中一緒にいるような苦痛を味わうことになります。こんな「感情を抑えた状態」を、どれだけ続けることができるでしょうか。

絶えず感情を抑えようとすることで、むしろ感情的になって怒鳴ったり、イライラをまき散らしたり、争ったり、イヤミを言ったり、嫌がらせをしたりするのです。

こんな「感情を抑えた人」たちが、職場にあふれかえっていれば、絶えずいがみ合ったり、仕返しをしたりするために、仕事が順調に運ぶどころか、ミスや失敗も増えて、効率が悪くなるだけでしょう。

感情を抑えないほうが、争いは避けられる

「自分の感情」を素直に認めると、どうなっていくでしょうか。

たとえば、あなたが職場のAさんを非常に嫌っているとしましょう。

あなたがそうしてAさんを嫌うのは、どうしてでしょうか。

「理由も何もありません。とにかく嫌いなんです」

と、あなたは言いたくなるかもしれません。

では、もう少しAさんとの具体的な場面を思い出して、どんなときにAさんに対して不快に感じたのか探ってみましょう。

このように、自分の心を探っていくと、

「Aさんは、自分の仕事を、私に押しつけてくる」

「私を監視していて、ことあるごとに口を挟んできて、閉口してしまう」

と、Aさんが自分にとった具体的な「言動」に、傷ついたり腹が立っているということに気づくかもしれません。

仮に性格的にまったく合わないとしても、感情を抑えて我慢するよりは、

「私はこの人が嫌い。私はこの人が苦手だ」

と自分の好き嫌いの感情を認めたほうが、

「嫌いだから、自分を守るためにこの仕事は断ろう。近づきすぎないようにしよう」

と、**争いになる前に、自分を守ることにエネルギーをつかえます。**

「感情を抑えないようにする」からといって、何も自分の感情を相手にぶつける必要はありません。

自分の感情を、自分が素直に受け止めればいいのです。

これができれば、冷静に対処できるので、「感情的になって争う」という事態にまで発展することはないでしょう。その分だけ、嫌いな相手とも「仕事上の関係」だと、割り切って付き合えるのではないでしょうか。

「仕事中は感情を殺す」のをやめる

不快感が積もり、仕事に集中できない

不快な人と適切な距離がとれ、仕事にも集中

10 「相手を変えようとする」のをやめる

22ページでお話しした他者中心の人は、他人に対して、

「どうして、あんなに非常識なんだ」

「あんなに無責任でいられるなんて、信じられない」

と腹を立てたり、批判したりしがちです。

そうやって、相手を心の中で否定したり批判しているとき、自分の心はどうなっているでしょうか。

相手を快く思っているでしょうか。相手と親しくしたいと思っているでしょうか。

こんなとき、

「相手が態度を変えてくれれば、仲よくしたいと思っています」

と答える人がいます。

けれども、もしあなたが相手を否定したくなっているとしたら、あなた自身が、相

手を快く思っていないということです。

「当たり前じゃないですか」と言いたくなるかもしれませんが、本当にこれを理解しているのであれば、自分が快く思っていないのですから、相手が自分を快く思っていないことを認めることもできるはずです。

あなたは相手を否定しているのに、「相手は、自分を好きでなければならない」と要求するのは、理不尽な話だと言えるでしょう。

また、自分が快く思っていなければ、相手もよくない印象を抱くものです。逆もまた同じことで、相手がこちらを快く思っていなかったために、自分がよくない印象を覚えたという可能性もあります。どちらが先だったのか、明確にはわからない場合がほとんどでしょう。**このような相互作用を、私は「関係性」と呼んでいます。**

これはつまり、自分が相手を嫌っている限り、相手が自分に対して抱いている印象をよくすることは困難だということでもあります。

そして、もし「どうしても相手に自分を好ましく思ってもらいたい」ということを望むのであれば、「自分を変える」ことが一番の近道だということになります。ですが、そこまでして相手を変えることが、本当に望ましいことかどうかは別問題です。

「私は嫌いだけど、あなたは好きでいて」は難しい

物事は、「関係性」で成り立っています。

この知識は、不可欠です。他者中心の人たちは、自分の思考の中に、この「関係性」が適応されることがありません。

「関係性」とは、私たちが普段、意識せずに行なっている情報交換によって成り立つものです。私たちは無意識に、相手の情報を受信したり、自分の情報を発信したりしています。

お互いに発信し合っているのですから、**どちらかがネガティブな感情を抱けば、もう一方にも伝わります。**

たとえば、親が「子どもが勉強嫌いで困ってしまう」とぼやいているとしても、それは子どもが生来勉強嫌いなのではなく、親と子の「関係性」でそうなっていったのだと言えるかもしれません。

親が四六時中子どもを監視していて、子どもの耳の側で、

「勉強しなさい。勉強しなさい」

と小言を言い続ければ、子どもは勉強に対してどんな印象を抱くでしょうか。

子どもは勉強を強要されてイヤな気持ちになり、仕返しとして勉強しなくなります。

子どもに限らず、イヤな気持ちになると、そんな感情を、「解消したい」と願います。

でもその方法を知らなければ、相手に仕返ししたり、やり返したりすることで解消できると思ってしまうのです。

この例のように、子どもが勉強を嫌いになったとしたら、それは親子の強要する・されるという「関係性」によって、嫌いになったと言うこともできるのです。

「関係性」という観点からすると、**自分が相手に対して抱いている気持ちは、相手も自分に対して同じように抱いている可能性が高い**でしょう。

相手から自分がされていることは、同じように、自分自身も相手にしている可能性も高いと言えるでしょう。

もちろん、客観的な善悪や正否はあります。しかし、一般的な人間関係において、

もしあなたが相手のあるひとつの言動に対して、

「あの人の、ここが気に入らない」

「どうして、あんなにいい加減なのだろう」

「何度言っても、まったく反省しないんだから」

「仕事ができないくせに、よくあんな無責任なことができるものだよ」

などと否定しているとしたら、相手もまたあなたの言動の一つひとつに対して同様に、批判的な気持ちを抱いているでしょう。

お互いが快く思っていない「関係性」だとしたら、相手は相手で、あなたのイヤなところを見て、不快になっているでしょう。

相手のために、自分が変わる必要もなし

だから、相手に「変わることを期待したり、要求しても無理」なのです。

相手に変わることを要求すればするほど、思い通りに変わらない相手との間に摩擦が生じ、いっそうわずらわしい関係へと発展するでしょう。

ですから、どんなに相手を快く思っていないとしても、自分自身が、相手に対するそんな認識を変えていかない限り、相手が変わることはないのです。

相手を変えることはできないとしたら、

「相手のために、私が変わらなきゃいけないの？」

と考えるのも少し違います。

「自分のために、自分が心地よく過ごすには、自分がどうしたらいいか」

に焦点を当てる、自分中心の発想でいいのです。

相手を変えるようにするよりも、自分を育てようと考えるほうがよっぽどラクだし、やりがいがあるように感じませんか。

「相手を変えようとする」のをやめる

「私好みのあなたになって」と要求し続ける

相手を変えるより、自分を育てる

11 顔色をうかがう「恐れ笑い」をやめる

自分では気づかないうちに、愛想笑いをしている人がいます。

「仕事を押しつけられてイヤだったけど、波風を立てたくなくて、愛想笑いをして引き受けた」

「会議で相手に指摘されたときに、返答に窮して、愛想笑いでごまかした」

など、たしかに愛想笑いをしていれば、その場を取り繕うことができます。

どんな態度や返答をしていいかわからないとき、愛想笑いをすれば、争いを避けることもできます。自分を守るひとつの方法として、それが悪いわけではありません。

ただし、**愛想笑いは、言い方を換えれば、「恐れ笑い」です。**

笑いたくて笑うのではなく、相手を恐れて笑っています。

恐れ笑いをしてしまうとき、もしかしたら自分では、「相手は、気づいていない」と思っている人もいるかもしれません。

こんなとき、恐れ笑いをしてませんか

しかし、相手は「あなたが、恐れ笑いをしている」と、十中八九気づいています。恐れ笑いは、相手に心を開いていない印象を与えたり、「ぎこちない」「痛々しい」「不自然」といった印象すら与えかねません。

もしも、絶えず相手を「怖い」と感じながらも、まるで自動反応のように恐れ笑いをしているとしたら、そんな自分を情けなく感じたり、惨めに感じたりしているかもしれません。

「あのとき、愛想笑いでごまかさず、自分の気持ちを言えばよかった」

さらには、そんな自分を責めて、

「また笑って取り繕ってしまった自分は、なんてダメな人間なんだ」

と、自己嫌悪に陥っている人もいるのではないでしょうか。

しかも恐れ笑いが、すでにクセになって定着してしまっていると、泣きたいときでも、十分に涙を流すことができません。

場合によっては悲しくて涙を流しながらでも、つい笑顔をつくってしまうような複雑な反応をしてしまうので、何よりもそんな自分に苦痛を覚えるでしょう。

恐れ笑いの「コリ」をほぐす

恐れ笑いをするクセがついてしまっている人は、長年の恐れから、首や肩がコチコチに張っていたり、鋼鉄のように固くなったりしています。

そんな人は、すでに硬直してしまっている筋肉を解きほぐすために、身体を弛緩させることからはじめましょう。

【恐れ笑いから抜け出すリラックス法】

1 全身に力を入れて、その力を一気に抜きます。ゆっくりと丁寧にやってください。

2 力を抜ききったら、筋肉が弛緩しているその状態を十分に味わいましょう。それが心地よいと感じるまで、味わってください。

3 次に、**2**の状態で、椅子に座ったり壁に寄りかかって、椅子の背もたれや壁に、自分の身体を預ける気持ちでもたれてみましょう。

恐れ笑いをする人たちは、心が恐れでいっぱいになっているために、身体を弛緩させて、椅子の背や壁にもたれて、リラックスすることすらできないかもしれません。

そういう人ほど、このリラックス法を実践してほしいものです。

全身の力が抜けているのを実感できるまで、繰り返しやってみることです。全身の力が抜ければ、顔の筋肉も緩みます。

とりわけ、あごの筋肉を緩ませましょう。そして、その緩んだ感覚を自覚し、味わいましょう。

「怖い」のに「笑う」のは、心と身体の不一致

前ページのリラックス法を実践すると、人によっては、緩んだ感覚に違和感を覚えて、「なんだか、無愛想な顔になってしまっているようで、不安です」

と答える人もいます。

そういう人は、逆に「無愛想なほうがいいんだ」と自分に言い聞かせましょう。

当人は笑顔をつくらないなんて失礼だと感じるかもしれませんが、そのリラックスした状態はむしろ、相手にも好印象を与えるものです。

恐れながら笑うというのは、心と身体が「一致していない」状態です。

一致していない状態は、自分に不快感をもたらします。

一致している状態は、自分に心地よさや安堵感をもたらします。

全身の筋肉が緩めば、自然と表情もほほえんでいるように見えます。無理に愛想笑いをしなくても、力を抜いてリラックスすれば、自分の心と調和することができます。

自分の心と調和するというのは、「自分を認める」ことや「自分を愛する」ことにつながるのです。

顔色をうかがう
「恐れ笑い」を
やめる

愛想笑いがバレて、好かれない

自然なほほえみで、相手にも好印象を与える

12 人の気持ちの「読解」をやめる

前項で紹介した、恐れ笑いをやめるためには、「自分中心」になっていくことをおすすめしています。

他者中心は、常に意識が人に向いています。人に意識を向ければ、相手の言動をうかがってしまいます。そんな状態で、

「相手は、自分のことをどう思っているのだろうか」

「この人は、私を傷つけないだろうか」

などと詮索すれば、いっそう人が怖くなっていくでしょう。

さらに、他者中心になっていると、人の顔色をうかがってばかりいるために、自分の気持ちが見えなくなっています。

しかも実際には、相手の言動にとらわれているので、相手の気持ちを掴むことすらできていません。

こんな状態で、うまく付き合おうとしても、空回りするだけでしょう。

他方、自分中心になると、自分自身に意識を向けます。

この状態を言葉で説明するのは困難ですが、簡単に言うと、「自分の五感や感情」に焦点が当たっています。自分中心になるためには、これは不可欠の要素です。

自分中心になっている「感じる力」が育つと、相手との関係とその距離を、「自分の感じ方」で測ることができます。

相手の表面的な言動より、自分の直感を信じる

たとえばここに、Aさん、Bさん、Cさんがいるとしましょう。

他者中心になっていると、相手の言動にとらわれるために、相手の言葉が気になります。

たとえば、あなたに向かって、Aさんは、「こんにちは」と言いました。

Bさんは、黙っているだけで、何も言いませんでした。

Cさんは、にこやかに笑って「よろしく」と握手を求めてきました。

このとき、相手の言葉や態度に注目する他者中心になっていると、Bさんに対して、

「黙っているなんて、なんて態度の悪い人なんだろう」

と思うかもしれません。あるいは、

「この人が黙っているのは、私を嫌っているからに違いない」

という思考をしてしまうかもしれません。

他方、AさんやCさんに対しては、相手の言葉のみに注目していれば、安心するでしょう。とりわけ友好的な言動のCさんに対しては、

「この人は、私に好意を抱いているに違いない」

などと考えるかもしれません。


では、自分中心になって、自分が感じることに焦点を当ててみたら、どうでしょうか。

Aさんに対しては、形式的な挨拶をしているように感じ、特別な感情が湧かないかもしれません。

Bさんに対しては、黙っているけれども、自分に対して好意を抱いていて、照れて何も言えなくなっている状態だと感じるかもしれません。

「読み解く」より「感じる」ほうがラク

Cさんに対しては、言葉や態度は友好的であっても、Cさんの態度や表情を「自分で感じる」としたら、「この人は、なんて強引な人なんだろう」と感じたり、そんな友好的な態度の裏に、まったく自分を尊重せず、見下した意識を感じとるかもしれません。

感じ方は人それぞれ。みんな正解

では、相手の言動から「読み解いたこと」と、あなたが「感じたこと」ではどちらが正確なのでしょうか。

絶対的にそうだとは言いませんが、「感じたこと」のほうがより正確です。

自分の五感や感情の感度が鈍いという人であっても、すべての人がこのように「感じたこと」を情報としてキャッチしています。

他者中心になって相手の表面的な言葉を信じると、情報が歪みます。

それをたしかめるために、たとえば、先ほどの例の3人と「2時間、一緒に過ごす」としましょう。

自分の感じたことに焦点を当てていると、Aさんとは、2時間経ったら窮屈さを感じてきました。

Bさんとは、2時間経っても心地よくて、もっと一緒にいたいと感じました。

Cさんとは、10分も一緒にいられずに「つらい」と感じました。

もちろんこれは、あくまでも「自分にとって、どうか」です。別の人であれば、Aさんは何も感じない。Bさんは退屈する。Cさんは話が盛り上がって楽しい。などと感じるかもしれません。感じ方は人それぞれです。

ですから、**「自分の感じ方が間違っているかもしれない」などと考える必要は、まったくありません。**

自分中心というのは、「自分にとって心地よいかどうか」が基準です。心地よければ「自分にとって相性のいい人」だし、心地悪ければ「自分にとって合わない人」という判断の仕方をします。より自分の心に沿ったほうを優先するのです。

私たちは、お互いに「感じたこと」で情報をキャッチし、やりとりしています。

相手をうかがっていれば、その「詮索する意識」を、相手はキャッチします。詮索されていると感じれば、心地よいわけがありません。相手に気をつかえば、善意や好意を示しているつもりであっても、その「気をつかう意識」を窮屈だと感じるでしょう。同様に、

「相手が心地よくしていれば、自分もそれを感じて心地よくなる」

「自分が心地よくしていれば、相手もそれを感じて、心地よさを覚える」

このように相手を読み解こうとせず、自分の心地よさを基準にして相手との距離をとることで、結果として、お互いに不快にならないのです。

人の気持ちの「読解」をやめる

人の言動に振り回され、本心を見失う

人の内面をキャッチする「直感」が磨かれる

13 かたちばかりの信頼関係をやめる

あなたは友人や異性、恋人や家族との信頼関係を、どのように考えているでしょうか。

お互いに、相手のことをすべて知っていて、思いや意見が自分と一致していて、隠しごとや秘密がないことを「信頼だ」と思っていませんか。

それをめざすと、

「自分のことを丸ごとわかってほしいし、あなたのことも全部知っておきたい」

などと、相手の心の中にどんどん踏み込んでいくことになるでしょう。

そして、相手が自分のことをわかってくれないと感じたら、

「わかってほしい、わかってほしい」

と、自分が満足できるまで要求したくなるでしょう。

あるいは、何か不信に感じられるような態度を相手がとれば、

「私には、本当のことを言ってくれない」

という不信感から、相手のことを詮索したり、実際に相手の持ち物を探りたくなっていくのではないでしょうか。そうやって必死になればなるほど、相手に対して「自分の満足」を押しつけたくなっていきます。

「意見や思いの一致」＝「信頼」だと大変

自分と相手の思いや意見が一致したときには、心がつながっているように感じるでしょうし、信頼し合っているような気分になれるでしょう。

これも信頼し合っている状態のひとつだとも言えますが、それは最初から、お互いの意見や思いが一致することをめざしているからではありません。

もし、この「一致」を信頼とするならば、お互いの意見が一致しないときはどうなるでしょうか。

それでもどちらか一方の意見や思いに「一致させよう」とすれば、片方が自分の心を偽ることになります。

一方が自分の心を偽っている状態で、「信頼し合う」ということができるでしょうか。お互いに歩み寄り、理解し合うことと、どちらか一方が、自分の思いを不承不承に曲げて妥協することとは違います。

「妥協する」という思いの中には、信頼感がありません。

信頼し合える関係になるには、お互いに、「自分を認める。相手を認める」ということが必須です。

たとえば、自分の趣味はAだとしましょう。相手の趣味はBです。

お互いに認め合える関係であれば、自分がAを好きだからといって、相手にAを押しつけることはありません。押しつけるより、相手の気持ちや意思を尊重したいと思う気持ちのほうが、はるかに勝っているでしょう。

「でも、行動を共にするとき、私はAに行きたい、相手はBに行きたいとしたら、どうしますか」

という質問を受けたことがあります。

こんなとき、自分は「何が何でもA」を主張し、相手は「何が何でもB」を主張するとしたら、それはもともと二人の関係が「争い合う関係」だと言えるでしょう。

そんな二人は、旅行で行きたいところが対立するというだけでなく、どんな場合においても、意見が対立しやすいでしょう。

つまりそれは、二人とも「ああ言えば、こう言う」という「相手の意見に反対する」のがパターンになっていて、その根底には、「争う意識」が横たわっています。

争う意識があるのであれば、「信頼する」以前の話です。

むしろ、そうやって争ってしまうのは、お互いに「自分を認める。相手を認める」ということを、経験的に知らないからだと言えるでしょう。逆に、信頼関係を築くには、そういう人たちほど「自分を認める。相手を認める」ことを学ぶ必要があるのではないでしょうか。

「歩み寄る」と「妥協する」の違い

お互いに歩み寄り、理解し合おうとする姿勢の中には、互いへの信頼感があります。

まず、歩み寄る気持ちになるために必要なステップは、話し合うことです。

話し合うというのは、互いに口角泡を飛ばして議論を戦わせることではありません。そこには、話し合うことに価値を見いだしたり、満足を見いだそうとする「心の姿勢」があります。

話し合いそのものがお互いにとって満足いくものなら、結果として「歩み寄ろう」という気持ちになり、それで十分「信頼し合っている」と感じとれるでしょう。

意見や思いが一致するのは、そんな話し合いのプロセスを大事にし合えた結果として起こるもので、決して「一致させること」を目標にはしていません。

ですから、「歩み寄ること」と「妥協すること」は違います。

歩み寄るとは、お互いがお互いのことを尊重して、自分の思いをより伝え、相手の思いもより深く理解し、お互いがより満足できる着地点を探すことです。

一方、妥協するという行為には、「妥協させられた」という意識がつきまといます。妥協させたほうも、その妥協を引き出すために自分も妥協していたりして、どちらも満足していないという結果になってしまう場合も珍しくありません。

もし二人が、互いに相手を認め合える関係であれば、たとえば個々の望みがAとBと違っていたとしても、それを認め合えるでしょう。

そしてまた、認め合えれば、たとえば複数の日を決めてAもBもするなど、両方の思いが可能な限り満足できるような代替案も浮かぶでしょう。また、自分のできる範囲で、互いに相手に協力したくなるでしょう。

これが本当に「信頼する」ということなのです。

かたちばかりの
信頼関係を
やめる

一方が妥協するか、どちらも不満足な関係に

歩み寄り、互いに満足できる関係になる

第3章

この聞き方をやめる

人間関係にわずらわされないために

14 時間泥棒の「相談にのる」のをやめる

どんなに人の相談にのっても、報われないと感じたことはありませんか。

相談内容はいろいろだし、登場人物は変わるけれども、

「この前も、似たような話だったなあ」

と思ったり、新たな問題が起こったのかと聞いていると、

「え、それまだ終わってなかったの」

と驚くこともあります。一生懸命アドバイスをしても、実行している気配もなく、

「この人は、本当に自分の問題を解決する気があるんだろうか」

などとうんざりしてしまう……そんなあなたの時間を奪う、泥棒のような人はいませんか。

それに我慢して付き合っていると、相手からメッセージやメールが届いても、すぐに返事をする気になれない。電話がかかってきても、出る気になれない。

そんな気分になっていても、ラインの既読機能やフェイスブックの更新などから、「あなたが相手からの連絡に気づいている」ことが相手にもわかります。連絡に気づいていないフリをするには労力が必要だし、放置していると罪悪感が生まれます。

このようなわずらわしさを我慢し続けた結果、とうとう口論になってしまい、たった一回言い返しただけなのに、そのあと気まずくなって、長年付き合ってきた関係が、終わってしまったという人もいます。

相談することで、人間関係を成立させる人も

もしあなたの身近に、このように避けたくなってしまう相手がいて、あなたが「もう、うんざり」という気持ちになってしまうとしたら、それは、無理もないことです。決してあなたが薄情なわけでもないし、罪悪感を覚えることでもありません。

なぜならそれは、相手が「相談するという方法であなたと付き合うこと」が目的となっているからです。

その証拠に、そんな人はおそらく、他にも複数の人に相談しているのではないでし

ょうか。もちろん、あなたが相談相手として物足りないということではありません。その人はただ、「相談する」という形で、自分の相手をしてくれる人がほしいだけなのです。

だから、決して問題を解決するために、あなたに相談しているのではありません。

むしろ、**相談した問題が解決しては困る、と無意識に思っている**でしょう。

なぜならその問題が解決すると、「あなたと付き合う」ことができなくなるからです。

いつの間にか、支配されてない？

そんな相手の相談にのっているとき、あなた自身はどう感じているでしょうか。

「力になれて、よかった」というすっきりした気持ちになるでしょうか。

それとも話が終わったあと、なんとも言えない気分の悪さに襲われたりするでしょうか。

もしあなたが、心から「よかった」という気持ちにならないとしたら、それはあなたが、**相手の「同情の支配」にのって、相手に従わされている**からです。

話を聞かないと悪いから……でも、また？

たとえばそんな相手から、

「話を聞いてくれて、嬉しかった。本当にありがとう。おかげで元気になったわ」

「力になってくれてありがとう。あなたのアドバイス通りにやって、うまくいったの」

といった言葉を聞いたことは、おそらくないのではないでしょうか。

「相談にのると、もう何時間もとられてしまう。聞いているだけで、気分が重くなって苦しくなってしまう」

と感じながらも、

「相談にのらないなんて、友達がいがないのでは」

という罪悪感から、延々と話を聞いてしまうとしたら……。「相手の相談にのってあげている」つもりであっても、実はあなたはそうして相手に「支配されている」のです。

これを筆者は**「同情の支配」**と呼んでいます。

どうして「支配」と言えるのでしょうか。

それは簡単に言うと、話を聞いているあなたが、相手によってどんどん重い気分になったり、苦しくなったりしているからです。

相談にのらなくても、あなたは悪くない

ではそんな相手が、あなたに、

「相談したいことがあるんだけど、今、時間いい？」

と尋ねたことはありますか。

相談にのることを「あなたが苦しく感じている」と相手が察してくれたことはありますか。

相手が、あなたのためだけに、同じ回数、同じ頻繁さ、同じ時間、あなたの話に付き合ってくれたことがありますか。

もしも互いに、等分に、時間を割き合っているとしたら、あなたが相手のメールや電話を避けたくなったり、相談にのることを苦痛に感じたりはしないでしょう。

あまりにもそれが一方的であるからこそ、あなたはつらくなっているのではないでしょうか。

親友であれ親であれ、そんな方法で支配されているのは、あなたなのです。

「でも、長年の友達だから。付き合いをやめたら、私も寂しくなると思うんですね」

もちろんです。「相談にのる」という方法で、あなたの何かが癒されたり、満たされていることも事実です。

ただ、これまであなたは「相手の話を聞かないと悪い」という罪悪感を覚えていました。相手が困っているときに助けない自分は、冷たい人間なのではないか、間違っているのではないだろうか、などと悩んでいたはずです。

少なくとも今、あなたが、

「そうではないんだ。これは支配だったんだ。相手の話に付き合う必要はないんだ」

そう気づくだけでも、罪悪感がかなり軽くなるのではないでしょうか。

時間泥棒の
「相談にのる」のを
やめる

時間を奪われ、重い気分にされ、疲弊し続ける

一方的に時間を奪われず、気持ちも軽くなる

15 「人の話は遮らない」のをやめる

前項で、相談にのっているとつらくなるのは、相手が「同情の支配」をしているからだということに、あなたは気づいたことでしょう。このような話をしたとき、「じゃあ、時間泥棒のような人とは付き合うのをやめたほうがいいんでしょうか」という質問をしてくる人が少なくありません。

もしあなたも、こんな質問をしたくなったとしたら、〝思考〟にはまっていると思ってください。

人の話は、必ず最後まで聞かなくていい

改めて自覚しておいてほしいのですが、他者中心の人は、感情よりも思考が優先するので、物事を「すぐに思考で解決しよう」とします。この〝思考〟がいっそう、人

間関係をわずらわしくさせています。

思考を優先させている人たちは、すぐに公式を求めます。マニュアルに頼ろうとします。

そのために、「自分で判断する基準」をもっていません。これが、問題なのです。

「では、どうしたらいいのでしょうか」という問いに答えるならば、それは、自分の感情を基準にして、自分の感じ方で判断する、ということです。

たとえば、同情の支配にのってしまうと、罪悪感から相手の話を遮ることができません。

このとき、他者中心の思考タイプの人たちは、**「ゼロか100か」**の思考をします。**すべて引き受けるか、まったく引き受けないかという二者択一の発想**です。

そのために、いきなり関係を絶つか、絶てなければ、我慢しながら話をすべて聞こうとしてしまいます。

そこには、「途中で断る」という発想がありません。あるいは、知識では理解していたとしても、リアルな場面になると怖くて実行できません。

私が「聞ける範囲」で聞きます

とりわけ、同情の支配で関わろうとする人たちに接していると、「相手に悪い」という罪悪感や「相手が可哀想」といった同情心に襲われるため、断ることがなかなか難しいものです。

そんな、言わば**人間の良心につけ入る支配から自分を守るには、「自分の感情を優先する言い方」が必須**です。

たとえば、こんな言い方はどうでしょうか。

「今は、時間がないから、夕方だったらいいよ」

「20分だけだったら、時間あるよ」

「電話は、夜7時までだったら、大丈夫ですよ」

これを筆者は、**「中間の断り方」**と呼んでいます。**この中間の断り方は、「中間の引き受け方」でもあります。**

ただ、これはある意味、日々の生活の「生の場面」で自然に身につけていくものでもあるでしょう。

思考を巡らせて学べるものではありません。

また、頭では納得できても、こんな言い方をすぐに思いつくわけでもありません。

だからこそ、改めて学ぶ必要があるのです。

自分がラクに聞けるところまで。「中間の断り方」

たとえば、先の例のように相手の話を聞いているとき、「自分の感情を基準にする」としたら、どうなるでしょうか。

それは、自分が「不快な気分になりそう」だったら、「やめどき」ということになります。

自分の感情を基準にして、

「自分がネガティブな気分になっていきそうだと感じたら、断りどきだぞ」


と発想する。これが「中間の断り方」の基本となります。その例としては、

「ごめんなさい。もう、これ以上、私が力になることはできないの」

「もっと聞いてあげたいけれど、聞いていて私もつらくなってきたんだ……」

「悪いけど、ここで終わりにしていい？」

といった断り方があります。

言い方の基本は、自分の気持ちをそのまま、言葉にすることです。最低限でも、自分の気持ちを伝えることで、ネガティブな感情を「自分が引きずらないですむ」メリットもあります。

「ためになる話」でも……!?

基本的に、「自分を傷つけること」は、決して好ましいことではありません。

たとえば、先輩から長々と説教をされたり、上司からくどくどと注意を受けたりすると、自分ではそれを苦痛に感じながらも、

「相手の言っていることは正しいし、的を射ているから、自分のためだ」

と思って、我慢して聞いてしまうことがあるかもしれません。

けれども、**いくら価値のある話でも、それを自分が「どんな気持ちで聞いているか」のほうが重要**です。

もしあなたが相手の話を、苦痛を感じながら聞いているとしたら、それは自分で自分を傷つけていると言っていいでしょう。

相手の話がどんなに素晴らしいものであったとしても、あなたが苦痛に耐えながらそこにいるとしたら、ひどく自分を傷つけている、ということなのです。

だからこそ、このような場面でも、自分の感情を基準にして、話の切り上げどきを摑むことが大切なのです。

「人の話は遮らない」のをやめる

人の話を我慢して聞き、自分を傷つける

ほどほどに聞き、不快になる前に切り上げ

16 無理矢理「同調する」のをやめる

人間関係の大きな悩みのひとつに、「仲間はずれが怖い」というものがあります。

私たちは誰もが孤独になることを恐れていて、誰かと一緒にいたいと望むものです。

親しい人がほしい。頼れる人がほしい。安心して一緒にいられる場所や仲間がほしい。こんな思いが強い人ほど、「仲間」という関係に憧れを抱くでしょう。


たしかに、「私たちは、仲間同士なんだ」という意識を抱くと、それだけで自分たちが特別な人間になったような気がします。いつも一緒にいられる安心感もあります。

けれども一方で、そんな仲間意識が高じて、

「この仲間たちこそ、私が安心していられる、唯一の場所だ」

となってしまうと、**「仲間はずれになる」ことをいっそう恐れる**ようになってしまうかもしれません。

自分の気持ちは後手、共感するのが目的に

たとえば親しい仲間といるときや、人が話をしているときに、やたらと、

「そう、そう。そうよね、そうそう」

などと、ハイテンションで同調して、場を盛り上げようとする人がいます。

こんなとき、当の本人は、相手に合わせようと必死になっているので、自分の本当の気持ちや感情に気づいていません。

これまでお話ししているように、他者中心の人たちは、自分の中に基準がありません。そのために、自分が判断したり選択したりすることすべてにおいて、自信がもてません。

仲間同士の関係に依存すると、仲間に同調しようとするあまり、自分の感情や気持ちは後回しになります。そのためにますます、自分に自信をなくしていくでしょう。

「みんなと一緒の意見でないと、不安になってしまう」

「みんながいないと、行動できない」

しかも、ただ調子を合わせるために言っていれば、何かトラブルが発生したとき、

「だって、あのとき、あなたも賛成してたじゃないの」

などと、周囲から集中砲火を浴びせられる危険性も出てくるでしょう。

そんなときになって、

「調子を合わせていただけで、私の本心じゃなかったのに」

などと悔やんでも後の祭りです。それでも、

「合わせていないと、仲間はずれにされてしまう」

と恐れる人もいるでしょう。このようなときは、どうしたらいいのでしょうか。

「仲間と一緒にいたい。みんなの和を乱すようなことはしたくない」

「でも、人に合わせてばかりいるのもつらい」

こんな一見矛盾した願望を満たす方法が、実はあるのです。

「そう、そう」の代わりに「そうなんだ」をつかう

「そう、そう」と似たような言葉でも、意識から言うとまったく異なる言葉があります。それは、

「そうなんだ」

という言葉です。これは、**相手の考えや意見、感想を「認めている言葉」**です。

相手にただただ同調する言い方の、

「そう、そう、そうよね」

と、相手の考えや意見、感想を認める言い方の、

「そうなんだ」

の違い。文字面だけではわかりにくいので、この両者の言葉の違いを、声を出して読んでみて、心にどんなふうに響くかを感じてみましょう。

前者は、相手に丸ごと同調する他者中心の言い方です。

後者は、「あなたの考え方や捉え方は、わかりました。あなたのそれを認めます」という意味の「そうなんだ」です。これは、自分中心の言い方です。

そこには、あえて口にして言うことはなくても、

「私が同意するかはさておき、あなたの意見は意見で尊重します」

という自分中心の意識があります。

「そんな突き放すような言葉をつかって、相手に嫌われないでしょうか」

突き放すような気持ちで「そうなんだ」をつかえば、たしかに冷たい印象になるかもしれません。

でも、根底に「あなたの考えや意見、感想を認めている」という思いがあれば、むしろ相手はしっかりと向き合ってくれているという印象を抱くでしょう。

また、むやみに「そうそう」と同調する人よりも、他人の意見を尊重しつつも自分の意見をしっかりもっている人のほうが信頼されるでしょう。

「文字」から感じる表面的な印象ではなく、どんな気持ちで伝えるかという「言い方」の印象で捉えてみてください。

また、

「そうですか」と言い切って、相手の話を終わりにする方法もあります。

「そうなんだ」と一見似ていますが、「そうなんだ」はただ相手の意見を受け入れているだけなのに対し、「そうですか」は言い方のニュアンスによって、相手の意見と自分は違うと伝えることができます。

「私の意見はあなたと違います。でも、あなたの見解は、そうなんですね」

という意味を含む場合や、

「そうでしょうか？」

という疑問を提示したり、「私は、そうは思いません」という意見の違いのほうを強調する言葉ともなります。

「あなたの意見は意見として尊重したい。私の意見は違うのですが、ここであえて争ってまで主張したいとは思わない」

という意味での「そうですか」をつかってみてください。「そうですか」と言い切って終わりにする聞き方は、自分を守るための、非常に有益な方法のひとつです。

無理矢理
「同調する」のを
やめる

仲間はずれを恐れ、「そう、そう」を連発

「そうなんだ」で相手と自分をすっきり線引き

17

愚痴や悪口を聞くのをやめる

相手の話を聞いていると、それだけでどっと疲れてしまうという人は、もしかしたら相手の話を心の中で否定しながら聞いているのではないでしょうか。

友人が、その場にいない別の友人Aについて、

「Aさんて、私の言うことをいちいち批判してくるから、頭にきちゃう」

と言えば、あなたは口にこそ出さないけれども、

「あなただって、負けず劣らず、人のことを批判しているじゃない」

と心の中で否定しながら聞く。

職場の男性が、その場にはいない同僚Bについて、

「まったくBは、無責任なんだから。きれいごとばっかり並び立てて、実行したためしがないんだから」

と言えば、あなたはその男性に対して、

「そういうあなただって、無責任じゃないの。口先ばっかりで、実行したことってないじゃないの」

と心の中で否定しながら聞く。

このように、**相手の言葉を心の中で否定せずにはいられないとしたら、そこには必ず、我慢している自分がいます。**

我慢するというのは、これまでお話ししてきた通り、自分の心を傷つけていることになります。

人のために我慢して、自分を傷つけて、いったい何の得があるのでしょう。

無理に合わせず、首をかしげるだけでも◎

もしあなたが、心の中で否定し、我慢しながら聞いているとしたら、どんなことで我慢しているのか、その出所を探してみましょう。

相手に対して、具体的に我慢していることを探してみるのです。

もしかしたらあなたは、相手の話を聞きたくないのに、

「ね、あなたもそう思うでしょう」

などと、「同意」を無理強いされているのかもしれません。

そんなときは、無理に同調してうなずくよりは、**「そうは思わない」という意思表示として首をかしげるだけ**でも、効果があるのではないでしょうか。

もしあなたが、相手の話を我慢して黙って聞いているとしたら、相手はあなたが「自分の話に、興味をもって聞いている」のだと勘違いしているのかもしれません。

そんなときはあなた自身が、自分の興味のある別の話題をもち出してみるという方法もあります。

これは、すぐにできなくてもいいのです。いつか、「自分のほうから、話題をふってみよう」という目標をもつだけでも気持ちに変化が生じるでしょう。

あるいはあなたは、相手の話題が人の悪口ばかりなので、それを苦痛に感じているのかもしれません。そんなときは、

「あ、そうなんだ。でも、ごめんね。あまり興味ないんだ」

などと、はっきり言ったほうがよいときもあるでしょう。

下手な相槌《あいづち》より、首をかしげて終わり！

話題を愚痴や悪口から変えたいとき、

「どんな変え方をすれば、自分がラクになるだろうか」

と自分中心の視点から模索して、自分なりの言葉を見つける作業も、自分の心を守るレッスンとなります。

聞きたくない愚痴や悪口を聞いて過ごすより、ずっと有意義な時間となるでしょう。

愚痴や悪口を聞くのを
やめる

相手の不満のはけ口にされる

愚痴を切り上げ、楽しい話題を探せる

18 言葉の「裏」を気にするのをやめる

他者中心の人たちの典型的な思考は、相手の態度や表情、会話の中から、相手の心を憶測します。49ページでお話しした「深読みのしすぎ」です。

本心からの言葉か、お世辞や謙遜などの建前としての言葉か、さらに言えばイヤミではないかなどと気にするのです。

しかしその大半が、相手の心を正確に摑んだうえで気にするわけではありません。

なぜなら、それはほとんどが、自分の勝手な思い込みからスタートするからです。

たとえば、「人の話は必ず聞かなければ」と、思い込んでいる人がいるとしましょう。

そんな思い込みによって、聞きたくない話を我慢しながら聞いていると、「(聞きたくないけど)聞いてあげているんだ」という上から目線の意識になってしまいます。

そんな中、たとえば相手が、

「話をしたらいろいろ思い出して、よけいに暗い気持ちになっちゃった」

などと言ったとしましょう。すると、

「私はあなたのために、こんなに我慢して聞いているんだから、ありがとうと、感謝の言葉ぐらい言ってもいいんじゃないの。それなのに、そんなことを言うなんて！」

と、無意識に怒りを覚えてしまうでしょう。

相手はただ自分の気持ちを口にしただけで、あなたに批判的な感情を抱いているわけではなかったかもしれません。けれど、他者中心の思考になっていると、

「なんてこの人は、常識知らずだ。礼儀に欠けている」

「この人は、私にイヤミを言いたかっただけなんじゃないのッ」

と、相手の言葉の裏側に何かあると考えて、不信感が芽生えてくるかもしれません。

相手の真意より、私がどう感じているか

このように、相手の言葉の裏側を気にするのをやめるために、「自分を感じる」ことからはじめましょう。

相手の言葉の裏を気にするのは、〝感じる〟ことより〝考える〟ことに重心を置い

てしまうからです。思考にとらわれているときは、自分を〝感じて〟いません。

たとえば、アパレルショップであなたが試着しているとき、店員さんが、

「お客様は色白で可愛いから、とても似合っていますよ」

と言いました。このときあなたが、店員さんの心を否定的に勘繰って、

「人が私を可愛いなんて、思うわけがない。肌が白いのは、化粧しているからだって、わかっているくせに。似合っているわけがないのに、私に買わせたいからお世辞を言っているんだ」

などと言葉の裏を考えすぎれば、店員さんに「気分を害された」と感じるでしょう。

このようなとき、ちょっと待ってください。あなたが「その服を着た」のは、どうしてですか？

自分がその服を「気に入った」からでしょう。気に入って「着てみたい」と思ったからですね。

もしあなたが、店員さんのことよりも、「着てみたい」という自分の気持ちを感じていたら、どうでしょうか。好きな服を試着し、嬉しい気持ちになっているはずです。

その気持ちを感じることができれば、それだけで幸せな気分になるでしょう。

しかも自分が幸せな気分になっていれば、店員さんの「似合っている」という言葉も、肯定的に聞こえます。

あるいは、仮に店員さんが「お世辞を言っている」と感じたとしても、自分が幸せな気持ちになっていれば、その言葉の裏の真意は気にならないでしょう。それよりも、

「気に入ったから、これを買いたいな」

と、自分の欲求を満たすほうに焦点が当たって、満足感を覚えるでしょう。これが、相手の言葉の裏を気にするよりも「自分を感じる」ということなのです。

言葉の「裏」を気にするのをやめる

イヤミか、お世辞か、本音か常に疑う

相手の言葉が肯定的に響くようになる

19 「気軽に声をかけてね」の"いい人"姿勢をやめる

いつもあなたは、どんな気分で一日を過ごしているでしょうか。

「気分的に忙しくて、休憩しても疲れがなかなかとれない」

「時間がないわけではないけれども、何となく、焦りを感じてしまう」

こんな気持ちでいるとしたら、おそらくあなたは、物事に対して、同時に2つ以上のことをやろうとしているのではないでしょうか。たとえば、

- 目の前の仕事をしながら、頭の中では、次のミーティングの段取りを考えている
- みんなと昼食をとりながら、午後からの打ち合わせのことを考えている
- 掃除をしながら、今日の献立のことを考えている
- テレビを観ながら、明日のことを考えている

このようなとき、頭で考えていることと、実際の行動とがちぐはぐになっていませ

んか。

たとえば、運動やスポーツに夢中になって、肉体を動かすことに集中しているときは、頭の中は空っぽになっています。

こんな状態のときは、自分がやっていることだけに専念していて、思考が止まっているので、「心地よさ」を覚えています。

こんな心地よさを覚えるのは、心と身体が「一致している」からです。

他方、運動しながら別のことを考えているときは、心と身体の状態が一致していません。そのために、気分的には、違和感や心地悪さを覚えています。

それは、心と身体が「不一致を起こしている」からです。

「不一致感」は、苛立ちや焦りを生じさせます。

たとえば職場で、後輩があなたに、

「この書類をどこに分類していいかわからないので、教えてください」

と聞いてきたとしましょう。

このときあなたが、すぐに後輩の話を聞こうとすれば、あなたは自分の仕事をいきなり中断することになります。

私のタイミングまで、待ってもらおうかな

最初は、先輩だからという思いから「いい顔」をして、自分の仕事を中断して、後輩に教えてあげました。

しばらくすると、後輩はまた、あなたが忙しいときに質問してきました。

あなたは「またか」とうんざりして、

「この前も教えたでしょう。少しは自分で勉強してよッ」

などと感情的に言ってしまいたくなるでしょう。しかしそう叫んでしまった瞬間から、後輩とは気まずい関係になってしまいます。

ではどうして、あなたは後輩に対して感情的になってしまったのでしょうか。

それは、後輩から尋ねられて、自分の仕事に集中していたいにもかかわらず中断せざるを得なくなったからでしょう。

このときあなたは、後輩に教えながら自分の仕事のことも気になっており、心と行動が一致せずに、不調和を起こしています。

この「不一致感」から、苛立ちが生まれ、後輩に対して感情的になってしまった、ということなのです。

私のタイミングで、声をかけるね

ではこんなとき、どうしたらいいのでしょうか。

ここでも、**「自分を優先する」**ことが大切です。

私たちは相手から頼まれると、つい自分の気持ちや感情を無視して、自動的に相手の話を聞いてしまいがちです。それがストレスの種を生んでいます。

こんなときは、相手のことより自分を基準にして、

「この仕事を仕上げたいので、30分待ってくれない？」

「これが終わったら、声をかけるね」

と、自分が不快にならない決め方をするのです。

ときには、我慢して引き受けるよりも、

「今は時間がないので、悪いけど他の人に聞いてください」

と、率直に言えたほうが自分も相手も不快にならない場合もあります。

このように自分を優先できれば、自分の心と身体が一致して、心地よさを覚えます。

この心地よさは「自分を尊重する」ということでもあります。

こんな調和した状態であれば、相手の話も気持ちよく聞くことができるでしょう。
相手にとっても不機嫌なまま対応されるよりは、あらかじめタイミングを知らされたほうが好印象を抱くでしょう。

また、**自分を基準にした言い方は、相手に対して、言外に「私を尊重してほしい」というメッセージを伝える**ことにもなります。

自分の気分や感情を優先したほうが、かえってわずらわしい人間関係を好ましい関係に転じることができるのです。

「気軽に声をかけてね」の〝いい人〟姿勢をやめる

イライラがつのり、相手も不快にさせる

結果的に、より真摯に耳を傾けられる

第4章

この話し方をやめる

人間関係にわずらわされないために

20

質問に必ず答える「面接回答」をやめる

自分の感情や欲求に焦点が当たっていない他者中心の人たちは、相手から何か尋ねられると、その問いに必ず答えようとします。

たとえば職場の先輩に、不意に、

「うちの部署で苦手な人は誰？」

などと聞かれれば、

「Aさんだと答えれば、波風が立たないだろうか」

などと忠実に答えることを前提に考えを巡らせるでしょう。

あるいは、

「今までどんな人と付き合ってきたの？」

と聞かれれば、プライベートなことを職場の人に話すことに抵抗があったとしても、

「どこから話せばいいんだろうか」

「相手が納得する答えを言わなければならない」と、一生懸命考えるかもしれません。

残念な習性、とりあえず「質問に答える」

質問に答えなければ、と必死になる様子は、まるで就職面接のようです。

人に尋ねられたとき、相手の問いに自動的に反応してしまうのは、なぜでしょうか。

それは、自分の中に、すでに「言われたことに従う」というパターンが組み込まれていて、どんな問いであろうと、**「私には、答える自由もある。答えない自由もある」**という「自由」がないからです。

私たちの誰もが、正直であろうとします。正直であるほうが、もちろん気分的にもすっきりします。

けれど、自分が答えたくない問いだと、つい答えてしまったあとで、習慣的に対応してしまう自分に嫌悪感を覚えたりもしているでしょう。

そんな自己嫌悪も手伝って、

「どうしてあの人は、あんな個人的なことを聞いてきたんだろう」

と、相手の胸の内を憶測したり、

「あんなことをぶしつけに聞くなんて、失礼だ」

などと腹を立てたりもしています。

けれども他者中心になって相手を批判すればするほど、相手に意識が向かうために、いっそう「我慢しながら、相手に従う」ことになってしまうでしょう。

とはいえ、質問の返答として嘘をつくことも気が引けますよね。嘘を言ったら言ったで、罪悪感に駆られることになるかもしれません。

不愉快な質問には、答えなくてもいい

筆者が相談を受けているとき、よく、

「こんな質問には、どう答えたらいいんでしょうか？」

面接ではないので、「だんまり」もアリ

と尋ねられます。実はこのような疑問自体も、「相手に従う」ことが前提となっています。

自分の中に**「答えなくてもいい」という自由がないと、相手の言うことに「従って答えるか、言い返すか」という、どちらかの選択肢しかありません。**

そのために、最初から相手に突っ込まれることを用心して、

「どんな言い方をすれば、相手を打ち負かすことができるんだろうか」

「どう言ったら、相手をぐうの音もでないほどに黙らせることができるんだろうか」

などといった反撃モードの思考をしがちです。

こんな思考をしてしまうこと自体が、「自分の自由」になっていない、ということなのです。

もし自分の中に「自由」という意識があれば、不愉快な質問をされたときには臆することもなく、

「え？　どうしてそんなことを聞くのですか？」

と、相手に尋ねることができるでしょう。

相手に聞き返すことができれば、それだけで誰も傷つくこともなく、その会話が終わってしまうことも多いでしょう。

「言い返す」より「沈黙」のほうが強いことも

ときには、とっさに言葉が出てこなくて、黙ってしまうこともあるでしょう。これも、決して悪いことではありません。

「答えたくない」と感じていたり、「どう答えたら相手を納得させられるか」と考えていると、無理に答えようとしても曖昧で印象の悪い表情になりがちです。

そんなときは**曖昧な返答はせず、気持ちよく黙っている**というのもひとつの方法です。無視をするのでも、睨むのでもなく、相手を見つめて気持ちよく黙ってみます。

すると相手は、

「へんなことを聞いてしまったのかな」

「言いたくないことを、聞いてしまった自分が悪いな」

と感じます。

うまい返答によって相手をやり込めようとするより、沈黙していたほうが相手にとっては痛手となる場合もあるのです。

自分が答えたくない問いには、文字通り「答えない自由」があります。

そんな自由を自分に認めていれば、後ろめたさを覚えずに「黙って答えない」ことも、できるのではないでしょうか。

質問に必ず答える「面接回答」をやめる

ぶしつけな質問に、どう答えようか悩む

「答えない自由」の実践で、不快にならない！

21 正論で攻めたてるのをやめる

〝感じる〟ことよりも〝考える〟ことに頼る人は、物事を「正しい、正しくない」で判断しがちです。

ある女性Aが、友人Bから相談を受けました。

Aは、相手のためを思って、自分が正しいと思うことをアドバイスしようとします。ところがBは、なぜか自分の話に興味を示す様子が見られません。

Aの言っていることは、どこから判断しても、間違っているとは思えません。Aはそのことをなんとか伝えようとするのですが、Bに感謝されるどころか、だんだん拒絶されているような気がしてきました。

どうして、こういうことが起こったのでしょうか。

「客観的に考えれば、私の判断が絶対に正しいとわかっているはずなんですよ。それなのに、Bは耳を傾けようとしないんだから」

と、Aは相手の頑固さに閉口し、Bを責めたくなっていました。筆者が、

「そのときあなたは、どんな気持ちになっていましたか。ムキになっていませんでしたか」

と尋ねると、

「ああ、たしかにそうですね。あの人は、ムキになっていました」

とAは答えました。

「いいえ、そうではありません。あなた自身が、どうだったかということなんです」

「えっ？　私（A）が、ですか？」

「はい、あなたが、どんな気持ちになっていたかということです」

「そう言われてみれば」とAは言いました。

「私も、ムキになっていました」

では、どうして、Aはムキになったのでしょうか。

それは相手が、Aの言葉に抵抗していたからだと言えるでしょう。

「でも、誰に聞いても、私の判断が正しいと言うに決まっていますよ」

と、Aは自分の「正しさ」を主張しはじめました。

この場面でもまた、Aは同じことを繰り返しています。それに彼女は気づいていないのでした。

ムキになって正論を語っても、ケンカのもと

Aの問題点は、自分が正しいと思うことを人に押しつける点にありました。
Bはそれに抵抗を示していたのです。
Bの視点に立つと、「Aが自分の主張を押しつけてくる」と映っています。
Aの視点に立つと、「相手が自分の意見を拒絶している」ように感じます。
こんな状態になっているとき、二人の関係は、すでに対立しています。
対立するというのは、心理的に「戦っている」ということです。
こんなときに、Aが正論を持ち出したからといって、対立している相手が、
「なるほど、そうだね」
などと賛成するわけがありません。
もし相手が「そうだね」と同意してしまえば、Aはいっそう、

「ね、そうでしょ。だから、私の言うことに従って、こうしてみればいいじゃない」

と、相手の気持ちを無視して、さらにそれを押しつけるに違いありませんでした。

相手が求めていたのは、自分の思いや立場に共感して、受け止めてくれる相手でした。正論のアドバイスを求めていたわけではなく、

「そうか、そうだったの。それは、つらかったね」

といった共感の言葉だったのです。


物事を〝考える〟ことで捉えると、すぐに思考の中に解決を見いだそうとしてしまいます。たしかに、論理的に考えれば、思考の中で見つけた解決策は正しいことが少なくないでしょう。


けれども、私たちは、常に論理的に考えて動いているわけではありません。どんなに冷静であろうとしても、感情的になっていたり落胆していたりすれば、冷静に判断することも行動することもできないでしょう。

ところが、思考にとらわれてしまうと、自分が感情的になっていても気づかないのです。

こんなときは「正論」を言っても届かない

超「正論」も対立関係では意味がない！

身近な争いごとの多くが、「自分の正論」を相手に主張して、押しつけようとしてしまうことから起こります。自分には自分の、相手には相手の言い分があります。それぞれに、自分の言っていることは、自分にとっての「正論」です。ただし、あくまでもそれは自分の正論に過ぎません。相手にとっての正論ではないのです。

それを抵抗や反発という方法で投げ合うのは「ケンカ」です。ケンカの状態で相手が、

「わかりました。ありがとう」

などと感謝するわけがありません。

そんな状態で、どんなに正論を言い募ったとしても、相手は受け入れるどころか感情的になっていっそう激しく争い、お互いに傷つけ合うことになるでしょう。

自分の主張がどんなに正論でも、**お互いの関係が「対立」しそうな状態になっているときには、そんな正論には何の意味もありません。**頭で考える正論よりも、「感情的なやりとりになっている」ことのほうが、より重要です。

そんなときには、自分自身がその対立関係から「降りた」ほうが賢明でしょう。

「やばいぞ。このまま続けると感情的になって、争うことになっていくぞ」

と気がつくことです。そして、

「このまま話をしていれば、争いになるだけだからやめよう」

と、自ら降りることです。さきほどの例で言えば、

「あ、ごめん。つい夢中になって、悪かったわ。ひとつの意見として、参考にしてほしいだけなの」

といった言葉で降りたほうが、まず、自身も相手も傷つかないですむのです。

正論で攻めたてるのをやめる

ムキになって自論を押しつけ、人と対立する

「参考意見」として伝え、対立関係にならない

22

人も自分もつまずかせる「でも」をやめる

他者中心の人ほど、「でも」という言葉を頻繁につかいます。

それは当然のことなのです。他者中心になると、相手に意識が向かいます。相手の言っていることに、敏感に反応します。

もしも他者に対して肯定的な気持ちをもっていれば、相手と心が通じ合ったとき、

「ああ、そうなんですか。よくわかります。私も、そんな体験がありますから」

といった、相手を認めたり受け入れたりする言葉が増えるでしょう。

しかし、他者に対して否定的な気持ちがあったり、ライバル意識や戦う意識が強ければ、そうはいきません。相手の言っていることに、

「でも、そんな話は聞いてませんよ」

「でも、私は言った覚えはありません。あなたが勘違いしているんじゃないですか」

「でも、そんなやり方で前も失敗したんじゃなかったっけ？」

「でも、そんなことやって何の足しになるというのよ」
などと、ことごとく相手を否定したり反論したくなるでしょう。「でも」という言葉の語感が、そんな気分を引き起こす元にもなっています。

まったく「でも」をつかう必然性がないときでも、自分の話の冒頭に「でも」をつかう人も見かけます。「ところで」「そういえば」の代わりに「でもさあ」をつかう人も。

当人にとっては、**たいして意味もなく「でも」をつかっているとしても、相手の耳には、「自分を否定されている」ように聞こえます。**それは悪気がなくても、人間関係が悪くなるのに十分な言葉だと言えるでしょう。

自分の意識の根底に、他者を否定的に捉えている自分がいると、「でも」という言葉をつかってしまいます。

そしてもうひとつ、「でも」という言葉が有している、「意味の力」もあります。

どんなに自分では悪気がないつもりであっても、「でも」という言葉を無意識につかっていると、相手と対立していないと気がすまないような気分を育てていくという言葉の意味の力もあるのです。

「でも」を多用すると、人生までイマイチに！

もちろんこの「でも」は、自分自身にも向かっていきます。

「でも、いまさらこの歳で自分を変えるなんて、無理ですよ」

「ちゃんと言われた通りにやっています。でも、私、頭悪いから」

「でも、そんなことしたって、疲れるばっかりじゃないですか」

「でも、失敗する可能性だってあるでしょう」

こうして「でも」を連発すると、どんな気持ちになるでしょうか。このひとことだけで心が沈み、自信がなくなっていきそうな気がしませんか。

「でも」というたったひとつの言葉で、そんな気持ちになるのです。

しかも、自分に向かって「でも」という言葉をつかうと、その次に浮かぶ言葉は、「でも、無理。でも、仕方がない。でも、できない。でも、つらい。でも、怖い」と、自分のやる気を削いでしまう言葉となります。

「でも」という言葉を無自覚につかってしまう人は、わずか1時間の間でも10回、20回とつかいます。たとえば、1日100回つかうとすれば、1年で3万6500回です。

「でも」の乱発はトラブルの元かも

10年では36万5000回。20年では73万回になります。

これだけつかえば、確実に人との関係が悪くなるだけでなく、自分の人生も消極的で潤いのない未来となっていくでしょう。

「でも」の代わりに「間」を入れるだけ

そんな人生にしないためには、単に「でも」という言葉をつかわないことです。注意していれば、必ず減らしていくことができます。

そのために、非常に有効な方法は、**「でも」と言う代わりに、「間を置く」こと**です。

たとえば、言葉の途中で「でも」を入れると、

「あなたはそう思うんですね。**でも、**私はこう思います」

となって相手と対立するような印象になります。

では、これはどうでしょうか。

「あなたは、そう思うんですね。**（間を置く）**私はこう思います」

実際に声を出して読んでみて、前者との違いを実感してみましょう。とりわけ後者

はゆっくりと、その「間」を感じながら、読んでください。どうでしょうか。

前者のように、途中で「でも」を入れると、相手の中に一歩踏み込んで迫っていくような感じがしませんか。お互いに心が沈んでいきそうです。

他方、後者のほうは、それぞれに自立しているような、すっきりした感じがするのではないでしょうか。

このように、たった一語を注意するだけで人間関係の摩擦を減らすだけでなく、自分の人生を変えていける場合もあるのです。

**人も自分も
つまずかせる
「でも」をやめる**

人との関係が悪化し、自分の人生も消極的に

人も自分も否定せず、人生もポジティブに

23

「あなた」を主語に話すのをやめる

自分がどんな言葉をつかうのか。これは、言葉のつかい方やその技術の問題というよりは、意識の問題です。

自分が根底に、どんな意識を抱いているのかによって、言葉のつかい方が違ってきます。たとえば支配的な人は、他者に対して、

「これをしろ！　あれをするな！」

というような命令的な言葉を多用するでしょう。

詰問的な人は、

「どうして、そんなことをするのよ」

といった具合に、相手を責める言葉を多用するでしょう。

無気力で、自分に自信がない人は、

「どうせ、できないに決まっているよ」

というように、投げやりな言葉を多用するでしょう。

言葉のつかい方の最も根本的な違いは、他者中心と自分中心との、意識の違いです。

他者中心は、他者を基準としています。自分中心は、自分を基準としています。その違いが「あなた」と「私」の違いです。

他者中心か、自分中心かで言葉づかいも変わる

他者中心の人たちは、他者を基準にしているために、自分の意識の目が人に向かいます。

そのとき、自分の意識は人を見ています。うっかりすると、自分の頭も心も「人のこと」でいっぱいになっている場合も少なくないでしょう。そのために、

「どうしてあなたは」

「お前は、どういうつもりなんだ」

「あの人は、いったい何様のつもりなの」

といった言い方になっていきます。

自分中心の人たちは自分を基準にしているので、自分に関心を抱きます。そのために、

「私は、どんなふうに感じるのか」

「私は、どんなふうに思っているのか」

「私は、どうしたいのか」

といった自分の気持ちや欲求や感情に気づきます。そして、それらを大事にしようと思います。

他者中心と自分中心とでは、根本となる意識の土台そのものが、最初から違います。つかう言葉は、それを土台として選択されていくのです。

「あなた」を連呼する人は、依存している人？

筆者の提唱している「自分中心」心理学では、「私を認める。相手を認める」ということを、最大目標のひとつとしています。

これは**「私の選択した生き方を認める」**ということです。

同様に、**「相手の選択した生き方を認める」**ということでもあります。

これは、言い換えれば、自立した姿です。


たとえばＡさんがＢさんに対して、他者中心の意識で、

「あなたは、どうして私の言った通りにしないのよ」

と「あなた」を主語にした言葉を発しているとき、すでにＡさんは「Ｂさんの選択やその生き方」に口出しをしています。


相手のテリトリーに勝手に侵入して、相手を自分に従わせようとすれば、相手との関係がこじれていくのは当然だと言えるでしょう。


では、これはどうでしょうか。

「私はこう思います。あなたは、どうしたいんですか」

まず「私」を主語にして語っています。この言い方の根底には、自分の意見を大事にしつつも、相手の思いを尊重する意識があります。


もうひとつ、これはどうでしょうか。

相手にアドバイスするときに、

「(君は) それじゃあダメだよ。こうやるんだよ」

「僕だったら、こうするなあ。試してみるかい」

前者は、相手のやることを否定しながら、自分のやり方を押しつけています。それがうまくいけばまだ救われますが、もし失敗してしまったら、どうでしょうか。

その結果、人の失敗の責任を自分がとる羽目になれば、やぶ蛇です。仮に自分に責任が及ばなくても、無責任のそしりを受けることになるでしょう。

後者は、「僕だったら」と自分の体験を語っているだけです。そして相手に、するかどうかを尋ねています。決めるのは「相手」です。

相手が自分のアドバイスを採用したとしても選択したのは相手ですから、その責任が自分に及ぶことはありません。


このように、「あなたは」という言い方は、相手と争いやすくなるだけでなく、他者の責任をかぶることになるなど、自分にとってリスクの高い言い方だと言えるでしょう。

他方、**「私は」という言い方は、依存し合わない、自立した言い方**です。相手のテリトリーに勝手に侵入しないので、自分を守ることができます。

「あなたは」で語りそうになったら、なるべく「私は」という表現に置き換えてみましょう。

つかう言葉の根底に他者中心か自分中心かという違いがあるのなら、つかう言葉を変えることで、自分中心にシフトしていくこともできます。

「あなた」を主語に
話すのをやめる

干渉しすぎ、人の失敗の責任まで負う

「私」を主語にして、自立した話し方になる

24

目を合わせずに話すのをやめる

人と話をするときに、うつむいたり、微妙に視線を合わせずに語る人が少なくありません。

人を恐れていたり、自分が傷つくことを恐れていれば、目を逸らしたくなるのは無理もないことです。そうやって、「人が怖い」と感じる心の負担を減らして、自分を守っているのですから、目を合わせないこと自体は悪いわけではありません。

ただ、77ページで紹介した「関係性」においては話が違います。

人と一緒にいるとき、自分がどんな態度や表情、振る舞いをしているのかはわかりませんが、単に「視線を逸らす」というだけでも、相手に与える印象は違ってきます。

人の行為を善意に解釈する人であれば、「人が苦手なんだな」と思って理解を示してくれるでしょう。

けれども「関係性」でいうと、たとえばあなたが怯えた態度で小さくなって視線を逸らしていれば、相手は押さえつけたくなるでしょう。支配的な人ほど、いっそうあなたを上から押さえつけたくなるかもしれません。

また、あなたが反抗的な態度で視線を逸らしていれば、相手は拒否されていると感じるだけでなく、ケンカをしかけられているように感じるでしょう。

視線を合わさないと、ひどいことも言えてしまう

視線を逸らしていることで最も問題なのは、言い方です。

相手に視線を合わせていないと、合わせているときよりも言いやすくなります。

けれども、これが問題なのです。

視線を合わせるというのは、言わば「相手と向き合う」ということです。

相手と向き合っていれば、相手の気持ち、感情を受けとることができます。態度や表情でもわかります。

視線を逸らしていると、これができません。

そのために、自分の言いたいことだけを、一方的に言ってしまいます。

相手が自分の視界に入っていないので、とてもひどい言葉を平気で口にすることができます。視線を合わせていると、とても言えないことでも鋭く言ってしまうのです。

しかも相手の態度や表情が見えないので、言っている本人は、自分が相手を傷つけていることにすら、気づきません。

視線を逸らすことが悪いと言っているわけではありません。

事実として、**視線を合わせないことによってトラブルが生じやすくなる**ということなのです。


さらに、視線を逸らしているということは、相手がどんな表情をしているかも、見ることができません。

たとえば、あなたの提案に対する相手の返事が、

「それで、いいよ」

であったとしても、相手の顔を見ていればまったく「いいと思っていない」「納得していない」ことを感じとれたかもしれません。

そのように無理矢理合意させた相手は、土壇場になって、あなたに同意した内容をくつがえすかもしれません。

もしも視線を逸らさず、相手の表情からあなたが〝感じる〟ことができていれば、「もしかして、気になることがある？　言ってみて」と先に聞くことができます。土壇場になってくつがえされて、イヤな思いをすることもなくなるはずです。

かといって、無理に視線を合わせると険しい表情に

とはいえ、人が怖いという気持ちを抑えながら、無理に相手と視線を合わせようとすれば、かえって逆効果となるでしょう。

なぜなら、感情を抑えることで恐怖を過剰に自覚してしまうために、さらに恐怖を抱くことになるからです。

しかも具合が悪いことに、あなたのそんな表情が、人の目には「非常に険しい表情」と映ります。その険しさを、恐怖に怯えていると解釈する人もいるでしょう。

けれどもおそらく大半の人が、その表情に対して、

「攻撃されるかもしれない」

「話をすると、ひどい言葉で傷つけられるかもしれない」

と感じるでしょう。

「だから、（あなたと）話すのがイヤだ」

もし話をするとしたら、

「傷つけられないように、怒らせないように、細心の注意を払って話さなければならない」

と緊張を強いられる気分になるでしょう。

あなたは人が怖くて表情を強ばらせているとしても、その表情が相手にも「怖い」という恐怖心を引き起こすということなのです。

では、怖くて視線を逸らしてしまう人は、どうしたらいいのでしょうか。身近なものをつかった2つのステップで人と視線を合わせるレッスンをしてみましょう。

目を逸らしていると、いろいろ見逃しているかも

【身近にあるものを触って、感触に焦点を当てるレッスン】

1　視線を合わせられない自分を認める

まずは、恐れてしまう自分を認めることです。

「私は、人が怖いから目を逸らしてしまうんだ。でも、視線を無理に合わせてもいい印象にはならないし、自分を守っているのだから、悪いことではないんだ」

こんな言葉を自分に投げかけてみると、どうでしょうか。これだけで少し、そんな自分を認めることができるのではないでしょうか。そして、視線を逸らすことのメリットやデメリット、視線を無理に合わせても逆効果であることを客観的に納得できるでしょう。

2　身近にあるものを触って、緊張をほぐす

次に、身近にあるものを、ひとつ手にとってみてください。

スマホでもいいし、ボールペンでも、飲みかけのペットボトルでも、手で握れるものであれば何でもかまいません。何かひとつを触ってみましょう。

触った感触はどうですか。

言葉にする必要はありません。普段、何げなく触っているものの感触を改めて味わって、感じるだけでいいのです。ゆっくりと力を抜いて、その感触を味わいましょう。その感触を感じることができればできるほど、肉体の緊張がほどけます。感触に焦点が当たっていると、思考がストップして頭が休憩できます。感じる心地よさが、安堵感をもたらすからです。

日常生活で感じて、味わうことが増えていけば、次第に「他人のことが頭から離れている時間」が増えていきます。これだけで、気づかないうちに「視線を合わせる」ことが苦痛でなくなっているかもしれません。

目を合わせずに話すのを
やめる

ひどい言い方をしやすくなり、トラブルを招く

相手の感情を察知でき、トラブルを防げる

25 一方的に話す「一人コメンテーター」をやめる

「会話のキャッチボール」というのは、日常生活で当たり前のようにつかわれる言葉です。しかし、**本当の意味で、互いにキャッチボールができている会話は、そう多くない**でしょう。

自分ではキャッチボールをしている、と信じている人もいるかもしれません。けれども、それは、相手があなたに、調子を合わせているだけかもしれません。

支配性の強い他者中心の人は、相手の話に耳を傾けるより、一方的に話をしています。一方的に話す心地よさもあるので、本人は気分がいいから、相手との会話が成立していると思い込んでいます。

これでは、「会話」ではなく「コメント」が仕事の、一人よがりのコメンテーターです。

一方的に話す関係は、昔の夫婦関係にありがちなパターンです。

夫が、自分の関心事を、妻に一方的に話します。

妻とはまったく関係のない話です。それがしばしば、自慢話だったりもします。

妻はそんな話にうんざりしているので、心のこもっていない相槌を打つだけです。

しかし夫は話に夢中になっているので、妻がどんな気持ちで聞いているかなどには頓着しません。相手が全面的に聞いてくれて、一方的に話をするのが楽しくてならないのです。

そうやって一方的に話す人たちの多くが、逆に相手の話をじっくりと聞くのは苦手ですし、相手の話には関心を示しません。

ですから、妻は夫と心が通い合わないという、不満や寂しさを覚えるでしょう。

実は夫もまた、一方的に話す心地よさに酔いながらも、無意識では不満や寂しさを覚えています。無意識のところでは、自分が「相手に受け入れられていない」と知っているからです。

だから一方的に話そうとすることで不満や寂しさを紛らわせ、つかの間の満足を得ようとするのです。しかし逆に、一方的に話すために心から満たされないという悪循環を招いています。

最近は、この夫と妻が、逆転しているケースも増えてきているようです。

戦うように話すことで、対立が増える

そうやって会話のキャッチボールを成立させることなく、一方的に話そうとするのはどうしてでしょうか。

それは、ひとことで言うと「戦っている」からです。

人と戦い、「勝ち負け」を争っていれば、一方的に聞かされるのは「負け」という気分になるでしょう。

一方的に話すクセのある人は、子どもの頃は親子関係や家庭環境で、一方的に「話を聞かされた」経験があって、惨めな気持ちや虚しい気持ちを抱えながら、「負けた気分」で黙って聞いていたのかもしれません。

そんな上下関係の強い家庭で育てば、自分が話をしたかったら、相手の話の腰を折ってでも話すチャンスを奪わなければなりません。しかも、一度奪ったら相手に奪還されないように一方的に話し続けないと、自分の主張を訴えることもできません。

さらにその場合、話の内容も相手と心が通い合うようなテーマではなく、自分の偉さを誇示せんとばかりに、説教したり自慢したり、命令したり指示したりというものになるでしょう。

もちろん、そうすればするほど対立する人も増えていき、人間関係がさらに複雑に、さらにわずらわしく思えていくでしょう。

安心できる会話こそ、キャッチボール

勝ち負けを争っている人たちは、相手と戦ったり、相手の腹のうちを探ったりせず、相手と「安心して話す」という経験がありません。

実際には、そんな会話をしているときもあるはずなのですが、心が争っているのでそんな瞬間に気づかないということもあります。

たとえば、こんな会話があります。恋人同士の会話のほうが実感しやすいでしょう。

一緒に暮らす二人が、一緒につかうものを選んでいます。

B夫「僕は、これにしたいんだけど、どうかなあ」
A子「へえ、あなたはそれが好きなんだ」
B夫「そうだよ」
A子「そうかあ……どうしようかなあ」
B夫「君は、どれがいいんだい」
A子「私は、これがいいと思ったんだ」
B夫「……そうかあ。じゃあ、もう少し検討するよ」
A子「わかった、じゃあ私もこれから調べてみるね」
B夫「そうしてくれると、助かるよ」

何の変哲もない会話です。こんな会話を実演してもらって、

「どんな感じがしますか」

と尋ねると、

「ああ、こんな会話ができるとラクですね。相手に傷つけられるかもしれないと恐れたり、警戒しなくていいから、安心していられます」

といったコメントが返ってきます。

たとえば、次のような安心できる関係であれば、会話において勝ち負けを競う必要がありません。

・相手が自分の話を聞いてくれる
・すぐに答えなくても、相手が待ってくれる
・相手が自分の主張を通そうとしない
・自分の意見を素直に言える

相手にいきなり否定されたり拒否されたりするという、恐れを抱かなくてもすみます。

この、安心して会話ができるという感覚を味わってください。これが本当の会話のキャッチボールです。

もちろん、いつも意見が一致するというわけではありません。ですが、仮に意見が合わなかったとしても、お互いに安心できる関係だからこそ、歩み寄りができるでしょう。

何か問題が起こったとしても、お互いに相手の話をじっくり聞きながら話し合うことができるでしょう。そして、相手と話し合うその時間そのものが、二人にとって「充実した時間」となるでしょう。

こんな安心できるキャッチボールの会話の中に、誰かと話す満足感や幸せがあるのではないでしょうか。

一方的に話す
「一人コメンテーター」を
やめる

心が通う会話ができず、不満や寂しさを抱える

安心して会話ができ、充実した時間になる

第5章

この行動をやめる

人間関係にわずらわされないために

26 ドタキャンで逃げるのをやめる

「うまく断るには、どうしたらいいでしょうか」

という相談が少なくありません。たとえば、

「久しぶりの休日だから、家でごろごろしたいと思っていたのに、遊びに誘われてしまった」

「今日は定時で帰れるぞ、と思っていた日に残業を頼まれてしまった」

嫌いな相手ではないし、断るほどの用事はないけれど……今日は気乗りしないんだよなあというときもあるものです。

そういうときほど、**「波風を立てずに、うまく断りたい」**と思うでしょう。

うまく断れないと悩むとき、多くの人が「ゼロか100か」の思考にとらわれています。それは、「100パーセント断るか、100パーセント引き受けるか」という

思考です。

しかも他者中心の人ほど、なかなか断れません。

「相手に悪いと思うと、引き受けてしまいます」

「自分も、相手に頼むことがあるかもしれないと思うと、引き受けてしまいます」

などと考えて悩みます。

ところが、**断れないという苦悩とは裏腹に、そんな人ほどしばしば、「非常識と思われる」ほど大胆に、人の心を思いやらずにばっさりと断ったりもしています。**

たとえば、次のようなことはありませんか。

・一旦は引き受けるけれども、よくドタキャンすることがある
・断らなかったので、やってくれると当てにしていると、一切やってくれない

ですから、相手からすれば、

「なんてこの人は、わがままなんだろう」

「どうしてこの人は、身勝手なことばかりするんだろう」

といった印象を受けるでしょう。場合によっては、

「なんて自由奔放な人なんだろう」

と映ることもあるでしょう。

もっとも本人は、その自覚がありません。

それどころか逆に、「私はなかなか断れない」と悩んでいたりするのです。

ドタキャングセは、断れないグセから？

本人は断れないと悩んでいるのに、人からは土壇場で投げ出しがちな、勝手な人だと思われている。

どうして、こんなことになるのでしょうか？

ひとつの原因としては、物事をゼロか100かで決めようとする点にあります。

そのために、「一度は引き受けたけれど、土壇場で放棄する」「ばっさりと切る」といった態度をとってしまうのです。

ただ、この「ばっさりと切る」というのは、あくまでも人からの印象です。

断れない→ドタキャン→信用されないスパイラル

本人の心は、「断るのが怖いから引き受けてしまったけれど、すべてを放棄して逃げ出したくなっている」という状態になっています。

では、どうしてぎりぎりになるまで放っているのでしょうか。

それは、あれこれと考えてしまって、なかなか決断できずにいるからです。だから、「ぎりぎりになってから、怖くなって、放棄してしまう」というまでに追い詰められてしまうのです。

そうなるまでに、

「やっぱり、引き受けるべきじゃないんだろうか」

「断ると、あとでトラブルになるんじゃないだろうか。仲間はずれにされるんじゃないだろうか」

などと考えています。

迷っているために「ぎりぎりになる」あるいは「切羽詰まる」まで決められないというのもまた、ゼロか100かという思考が元凶となっています。

まさにそれは、自分中心になっていない人の思考なのです。

自分に素直なら、穏やかに断れる

自分中心の人は、自分の気持ちや欲求を大事にできます。たとえば相手に頼まれたとき、人や周囲に合わせようとはしません。

それを喜んでしたいと感じているのか、負担になると感じているのか。自分の心を感じとることができます。そして、引き受けるかどうかを決めるときには、自分の感情を基準にすることができます。

もし「したくない」という気持ちが強ければ、人との付き合いを優先するより、自分の気持ちを尊重しようとするでしょう。

物事を決めるとき、自分の気持ちを基準にできれば、あれこれと迷った末にぎりぎりになってドタキャンするというような断り方はしないですみます。

実際に、「迷った末にドタキャンしてしまう」のは、一度は了承したものの、重荷に感じて、「したくなくなった」「投げ出したくなった」からだと言えるでしょう。

自分の気持ちを無視したために、自分の感情の部分で耐えられなくなった、ということなのです。

私たちは我慢しようとしても、自分の感情を最後まで抑えておくことはできません。自分中心の人は、それをよく知っているから、自分を優先して決めることができるのです。自分の気持ちを認められるからこそ、

「どんな言い方で断ろうか。相手を傷つけない伝え方はないだろうか」

というような、相手を思いやる気持ちも湧いてくるでしょう。あるいは、

「今週末は無理だけれど、来月はぜひ参加させてください」

「毎回は無理だけど、月に1回、午後からだったら協力できます」

などと、自分ができる範囲を見極めて、緩やかな断り方もできるようになるでしょう。

ドタキャンで逃げるのをやめる

身勝手な人、信用できない人になっていく

緩やかな断り方ができ、次にもつながる

27
「さぼらない」をやめる

さぼったり怠けたりするのは正しくないことで、限界ぎりぎり、能力ぎりぎりまで頑張るのが正しいこと。

前項でも触れた、このような「どちらかしかない」というゼロか100かという思考はあなたを苦しめます。

「私がこんな体調で頑張っているのに、あの人は全然手伝ってくれない」

「あの人、本当に忙しいのかな？　忙しいフリをして私に仕事を押しつけているんじゃないの」

このように相手を責めたくなってしまうのは、元をただせば、

「さぼってはいけない。怠けてはいけない」

「みんなは頑張っているのに、自分だけさぼってはいけない」

「本当はまだ頑張れるのに、休んではいけない」

と、自分に要求したり、自分を縛っているからです。

そもそも、この「さぼってはいけない」という思いは、適切なのでしょうか。

休むことを「許す」より「認める」感覚で

たとえば、あなたは疲れたとき、心から休憩することを自分に「認めて」いますか。

「許す」という言葉でもありません。許すというのは、本来「そうすべきではないけれども」という意識が、ほのかに漂っています。

休憩することが「正当であり、自分のためであり、いいことだ」と、心から認めているでしょうか。


ではこの「さぼりたい」を、感情を基準にして説明するとどうなるでしょうか。

頭で考えると「しなければならない」ことだとしても、感情を基準として捉えれば、「やりたくない」という気分になっているということです。

また、肉体の視点でみると、「疲れている」ということなのかもしれません。

誰かの許可を待つより、自分で許可しよう

それ、「さぼり」じゃなくて「休憩」かも？

「やりたくないけれど、さぼるのはいけないことだから、やらなければ」

と考え、限界ぎりぎりまで頑張ろうとする。

あるいは、

「さぼりたくなっているのは、やりたくないからだ。やりたくない理由があるとしたら、それは何だろう」

と自分の感情を優先し、論理的に「やりたくない理由」を探し、解消しようとする。

このうち、どちらが適切だと思いますか。

後者のほうがより前向きで、有益な解決策になりそうです。

「この箇所の作業をすることに、苦痛を覚えているのだ」

と気づけば、

「少しでも苦痛を感じないように、効率化を考えよう」

「先輩に、もう少し詳しく聞いてみよう」

ということなのかもしれません。

あるいは単に、

「あ、長時間取り組んでいて、疲れてきたからだ」

ということであれば、「さぼる」のではなく「休憩を入れよう」あるいは「休むことがよいことだ」となるでしょう。

このような点で言うと、「さぼる」という言葉そのものを、自分の中から捨てていったほうがいいのです。

「さぼらない」を
やめる

怠けてはいけない、と自分を追い詰める

さぼりたくなる理由を見つけ、解消できる

28

「好きな人に近づけない＆嫌いな人に近づく」をやめる

改めて考えると奇妙なことですが、多くの人が自ら、「自分の好きな人」より「自分の嫌いな人」に近づきがちです。そしてわずらわしさを自分で増やしては悩んでいます。

「どこに行っても、イヤな人がいて、決まってトラブルになってしまいます」

「もう、あの人が大嫌いで嫌いでたまらないんです。寝ても覚めても、あんな人が会社にいるのかと思うと、辞めたくなってしまいます」

そう言いつつも、

「でも、あんな人のせいで辞めるなんてくやしいし、辞めたからといって、解決するとは思いません。別のところに行っても、そんな人は必ずいますから。自分の問題だとわかっています」

と答えるのです。と同時に、

「別になんとも思っていない人とは、平気で話すことができます。むしろ、よく話すほうだと思います。でも、好きな人の前だと緊張しちゃって、まったく話すことができないのです」

などと話します。その後も、

「好きな人とは、どうなりましたか。自分のほうから話題をふるなどして、接する機会を増やすことはできていますか」

と尋ねると、

「いいえ、まだです」

という状態が一、二年続いたり、人によってはそのまま、ひとことも話すことができずに「もう諦めました」と言う人もいます。

これも「感情」という視点からみると、無理のないことだと理解できるでしょう。

他者中心になって「相手に嫌われること」を恐れていればどうでしょうか。

近づいていっても「親しくなれる」可能性よりも、「嫌われる」可能性のほうを信じていれば、近づくことすらできないでしょう。

では、嫌いな人はどうでしょうか。

嫌いな人も、「相手を気にしている」という点では好きな人と同じです。にもかかわらず、好きな人には近づけなくて、嫌いな人には近づいていってしまいます。どうして、こんなことになってしまうのでしょうか。

嫌いな人にこそ、引き寄せられてしまう!?

ではこれを、反対の立場から見てみましょう。

あなたに好意を抱いている人がいるとします。この人があなたにとって気にならない相手だとしたら、好かれていると知ったとしても、積極的に近づくことはないでしょう。少なくとも、自分がなんとも思っていなければ、平気でいられます。

自分に好感を抱いている人は、自分にとっては「安全な人」です。

あなたが相手の好意を好意として誠実な態度で受け止めれば、「安全な人」で終わるでしょう。もちろん、たとえばストーカー行為というような非日常的な行為は論外で、あくまでも日常の一般生活での話です。


では、明らかにあなたを嫌っている人に対してはどうでしょうか。

相手から嫌われていると知ったら、気になりはじめるでしょう。

なぜなら、**自分を嫌っている人は、自分にとって「危ない人」**になるからです。

「もしかしたら、傷つけられるかもしれない。危害を加えられるかもしれない」

という恐れが生じます。この時点で、あなたが「相手を恐れている」という意識が、
相手にも伝わります。

もしこのとき、自分の中にも「相手と戦う意識」があれば、同じように自分も相手
に「あんたなんて、嫌い」というメッセージを表情や態度で送るようになるでしょう。
客観的に見れば、これは「戦い」です。相手を気にしている状態が「戦闘モード」
であるために、いずれはどちらかが具体的に争いをしかけてくることになるでしょう。
また、もしもあなたが自分を嫌っている人の存在をキャッチしたとき、一般論を持
ち出して、
「みんなと仲よくしなければならない」

「職場なんかで、個人的な感情を抱いて、争ってはならない」と考えてしまうと、自分の「気になる」気持ちや恐れる気持ちを抑え込もうとするでしょう。そして、

「もしかしたら、自分を嫌わないようになってくれるかもしれない。わかり合えるかもしれない。そうしたら、恐れを抱かないですむ」

というような安易な動機で、相手に近づいていくかもしれません。

もちろんそんな目論見が成功することは、滅多にないでしょう。むしろ、嫌われている相手にどんどん近づくことになってしまうと、下手をすればいじめのターゲットになってしまうこともあるので、要注意です。

好きも嫌いもお互いの自由

では、どうしたらいいのでしょうか。
最も基本としたいのは**「お互いの生き方の自由」を認め合う**ということです。

誰にでもテリトリーと好き嫌いがある

自分にとって「安全な人」が気にならないのは、言わば、
「相手が私のことを好きであっても、それは相手の自由だ。好かれていると知ってい
ても、私が相手に関心がないとしたら、私には関係がない」
という意識でいるからでしょう。

この「お互いの自由」は、嫌いな人であっても同じです。

「相手が、私のことを嫌いであったとしても、それは相手の自由なんだ」

それは同時に、

「私が、相手のことを嫌いであったとしても、それは私の自由なんだ」

となります。この論でいけば、私が相手を嫌いであることの自由を、自分が認めら
れるからこそ、相手が自分を嫌うことの自由も認められるので、

「相手が私のことを嫌いであっても、それは相手の自由だ」

「嫌われていると知っていても、私が相手に関心がなければ、私には関係がない」

ということになります。


もちろんこの「お互いの自由」は、お互いの自由を侵害するような、実害が発生す

るような行動はしないというのが前提条件です。

この「お互いの自由を認め合う」というのは、自分中心で生きるための基本中の基本です。

これですぐに人間関係が解決するというわけではありませんが、これを「人生の基本」にできれば、わずらわしい人間関係のかなりの部分を整理できるに違いありません。


「好きな人に近づけない＆嫌いな人に近づく」をやめる

必要以上に傷ついたり、長年思いを引きずる

好き嫌いの自由を認め、お互いに侵害しない

29

泥をかぶるのをやめる

「自分には非がないはずなのに、みんながまったく理解してくれなくて、私のほうが悪者扱いされます」

と相談されることが少なからずあります。

「私のほうが悪者にされて、職場にいづらくなって退職を考えています」

というところまで発展してしまった話も聞きます。

このような大きなトラブルの前には、必ず、その前段階として小さなトラブルがいくつも発生しているはずです。そんないくつもの前兆を無視したり、気づかずに放置してしまうから、切羽詰まった状態に追い詰められてしまうのです。

たとえば職場で、AさんとBさんが問題を起こしたとしましょう。

Aさん本人の視点からみれば、

「これまでもBさんにはたくさん責任転嫁されてきた。もう許せない！」

と考えています。けれども、それを他の同僚に向かって、

「私はこれまでも我慢してきたんだから、一緒になってBさんを謝罪させましょうよ」

と言ったとしても、他の同僚がAさんに同調して行動するかは、わかりません。

Aさんはそれまで Bさんの仕打ちに黙って耐えてきたので、それまでの経緯を他の同僚は知りません。同僚たちは、

「そんなに怒ること？」

と感じるかもしれません。

それは、上司も同じです。

Aさんが直属の上司に、Bさんの仕打ちを訴えたとしても、その言い分を上司がすぐに信じるかどうかはわかりません。上司にとっては、Aさんが急に騒ぎ出したという印象でしかないからです。Aさんがそんな上司に、

「Bさんが悪いんだから、早急にBさんを処分してください」

と四六時中訴えたとすれば、Aさんの正しさよりも、Aさんのほうを「うるさい奴だ」と感じて、その口を封じたくなるでしょう。

上司にとっては、Aさんであろうと誰であろうと、自分の部下が不始末を起こせば自分の評価が下がります。

部下の不始末の責任を問われるのが自分であればなおさら、「なかったこと」にしたくなるでしょう。

大トラブルになる前の出来事を見逃さないように

このような問題が起こったとき、それを「自分の問題」として捉えるならば、その時々に「自分を大事にしてこなかったからだ」と言えるでしょう。

前項でお話ししたように、「お互いの自由」という分け方ができれば、相手のことを考える時間が少なくなります。

とりわけ、戦うよりも「自分を大事にしているかどうか」という視点で、自分を見るようになります。

もしもAさんのように追い詰められた状態になってしまうとしたら、その前に**「もう、数え切れないぐらい泥をかぶり、我慢してきた自分がいる」**はずです。

そんな我慢に気づいて、少しでも早い段階で「我慢をやめる」ことができていれば、大きなトラブルになるのを回避できていたでしょう。


追い詰められた状態を目盛り100としましょう。

この100は、言い換えれば、あなたが我慢してきた目盛りを示すものです。

もしあなたが、100の目盛りまで行き着く前に、11の目盛りのときに我慢に気づく。

18の目盛りのときに我慢に気づく。

33の目盛りのときに我慢に……といったふうに、気づいたときにその我慢をやめていれば、軌道修正できていたはずです。

先ほどの例で言えば、Aさんはこれまで何度か、Bさんが犯したミスを自分のせいにされたことがありました。

「Aさんから〇〇と聞いていたので、その通りにしただけです」

「その資料はAさんに渡したはずですが」

といったことです。そのときAさんは不快に思いながらも、

「まあ、たいしたことじゃないので、いいか」

と、黙って見過ごしていました。

「こんな小さなことで騒ぎ立てて、器が小さいと思われるのもシャクだ」

そんな気持ちも手伝って我慢したのです。

けれどもBさんの人のせいにするクセは、小さなトラブルのときでも大きなトラブルのときでも変わりません。なぜなら、それがBさんのパターンだからです。


大きなトラブルは、それに至るまでの小さなトラブルの積み重ねです。

Aさんのように、土壇場になってから自分の身の潔白を主張しても、解決するのは非常に困難です。

小さなトラブルのときに、

「自分がちょっと泥をかぶれば、Bさんとの関係が悪くならない」

「自分が騒がなければ、周囲にも波風が立たない」

と我慢に我慢を重ねた結果、大きなトラブルへと発展してしまったのです。

Aさんが自分を大事にして、早い段階で我慢をやめ、責任の所在を明らかにしていたら、Aさんが矢面に立たされるような状況にはならなかったでしょう。そして、

「Bさんはそう言うけれど、私には言った覚えがありません。いつ、どこでそのようなお話をしましたか？」

「その資料は受けとった記憶がないのですが、もう一度調べていただけますか」

などと、冷静にBさんに聞くことができれば、大きなトラブルへの発展を防げるかもしれません。

普段から**「我慢しない」という視点に立ち、小さなトラブルのうちに対処したほうが解消しやすい**し、大きなトラブルに巻き込まれる可能性もはるかに低くなるのです。

泥をかぶるのを
やめる

いざ、無罪を主張しても聞いてもらえない

大きなミスを責任転嫁される前に回避できる

30

「考えすぎて結局動かない」をやめる

たとえば、誰かに主張すべきことがあるとき、

「相手がこう言ってきたら、こう切り返そう」

「こういう行動をしてきたら、こう対抗しよう」

と、相手の出方を予測して、対策を練ったりするものです。

そのように考えを巡らせるのは、

「相手に傷つくことを言われたとき、すぐに切り返せる自分になりたい」

「相手に邪魔をされても、跳ね返せる自分になりたい」

と意識しているからではないでしょうか。

そんな自分になることをめざして、

「あんなことを言われて傷ついた。今度チャンスがあったら、言い返してやる！」

「どうしたら、相手をやっつけることができるだろうか」

「どんな言い方をすれば、相手を凹ませることができるだろうか」

などと考えるものの、実際には行動に移せずに、心の中で戦っているだけという場合が多いのではないでしょうか。

争うことへの恐れから、結局動かない

あなたは、相手と「戦って勝つため」にいろいろな考えを頭で巡らせているでしょう。ではそうやって、相手のことを考えてしまうとしたら、それはどうしてでしょうか。

「もちろん、相手がどんな行動に出るかを予測していないと、対抗できないからです」

勝ち負けにとらわれていれば、こんな答えになるでしょう。

ではあなたは、そう考えたことを、行動に移したことはあるでしょうか。

「考えるだけで、ついに行動しないで終わってしまった」

ということが、これまで何度もありませんでしたか？

「たしかにそうですね。考えるだけで疲れてしまって、途中で面倒くさくなってしまうことが多いですね」

と答えた人がいました。

行動に移さなかったのは、本当に面倒くさくなったからでしょうか。

その奥に、本当の自分の気持ちが隠れていませんか。

そうですね。その気持ちの正体は「恐れ」です。まさに**恐怖が、「行動しない」最大の理由**となっているのです。

「行動したら、争いになる」というのは思い込み

そもそも、

「主張すると、争いになる」

というのは思い込みです。

思い込みの背景には、「自分の意見を主張するためには、相手と戦って勝たなければならない」という意識があります。

そんな「勝つためにする思考」そのものが、恐怖を生み出しています。

考えているだけでこんなに時間が過ぎちゃった！

勝とうとすれば、争いになるのは必至です。

争いになると想像すれば、それだけで恐怖が生まれます。

けれども、**自分の気持ちを大事にするために、人と戦う必要はありません。**

相手をやり込めないでも、自分が自分のために行動することはできます。

たとえば、相手から意見を押しつけられそうになったとしても、

「はい、おっしゃることは、参考にさせていただきます」

「はい、意見としてしっかりと受け止めさせていただきます」

という言い方で、自分を大事にすることができます。

相手から横やりが入ったとしても、

「私は、失敗してもいいから、試してみたいんです」

「これは自分の仕事なので、自分のやり方でやってみたいんです」

という言い方で、自分の気持ちや意志を守り抜くこともできます。


相手に、否定的な言動をとられたとしても、「相手が悪い」という思いだけにとらわれていたり、「なんとか相手を変えよう」として四苦八苦するよりは、

「自分に否定的な相手に対して、私を守るために、どんな行動ができるだろうか」

という発想をしたほうが、はるかに賢明だと言えるでしょう。

このように「戦って相手に勝とうとする」行動よりも、「自分の気持ちや意志を大事にした」行動ができれば、少なくとも、戦う恐怖からはかなり解放されるでしょう。

仮に自分の思いが叶わなかったとしても、自分が行動できたことの満足感を得ることができます。

「考えすぎて結局動かない」をやめる

行動したら争いになると、思い込み続ける

自分の意志を守るために、行動できる

31 最後までひとりで頑張るのをやめる

「自立」を「ひとりでも頑張れる強さ」と、勘違いしている人たちが少なくありません。

とりわけ職場では、直属の上司から「これをやるように」と指示されると、何が何でも、それをやり遂げようとしがちです。どんなに負担に感じていても、自らサービス残業をして、最後までやり遂げようとします。

その熱意は評価できますが、それを、

「やり遂げたい」

という肯定的な気持ちでやっているのか、

「上司に命令されたので、最後まで自分の力でやり遂げなければならない」

「やり遂げなければ、自分の評価が下がる」

といった歯を食いしばるような気持ちでやっているのかでは大きく異なります。

前者はもちろん、自分が「やりたい」と思っているので、やっているときのプロセスそのものに満足感や楽しさや喜びがあります。

他方、後者にあるのは「〜しなければならない」という苦痛です。

そんな苦痛に耐えながら、

「強くなるためには、最後までやり遂げなければならない」

と考えたら、さらに苦しくなるでしょう。

「苦しいけれど最後までやり遂げたということが、自信につながると思います」

自信や実績になるから、この苦痛は自分の成長のため。多くの人が、そう思い込んでいます。

けれど、そんな苦痛でしかないものに、何度も挑戦したいと思うでしょうか。

苦痛な仕事に挑戦し続けたとすれば、心が鍛えられるよりも、心が折れてしまうリスクのほうがはるかに高いでしょう。

実際に、そうやって頑張ってきたために、リタイアしたくなっている、という人たちが増えているのです。

「人に頼る」のはスキルかも

頑張り症の人ほど、最後まで自分の力でやり遂げようとします。その忍耐力は評価できますが、その裏には「人に頼むのが怖い」という恐れが隠れているかもしれません。

勇気を振り絞って人に頼んだときに、断られたら誰でも傷つくものです。

「傷つくくらいだったら、自分でやってしまったほうがいい」

と思ってしまう人が多いのではないでしょうか。

また、自己評価が低いせいで、

「人が、私のためにやってくれるわけがない」

と思い込んでいる人もいるでしょう。

意固地な人や頑固な人は、

「他人になんか、頼めないですよ」

と言う人もいますが、その中にも、断られて傷つくのが「怖い」という思いが潜んでいます。中には、

「人に頭を下げて頼むなんて、そんな惨めなことは真っ平だ！」

と言って我を張る人もいますが、その言葉の中にはプライドの高さではなく、「頼むことができない弱さ」があるのです。

あるいは、

「内心では頼みたいけれど、どんな言い方をすればいいかわからない」

という表現力の問題もあるでしょう。

意固地になってひとりでやろうとする人ほど、コミュニケーション能力が育っていません。それを自覚しているからこそ、ひとりで頑張ろうとしてしまうのでしょう。

人に依頼するには、依頼するためのスキルが必要です。たとえば、

「今、少しいいですか」

「ご相談させていただけないでしょうか」

このように尋ねるのは、「相手への礼儀」として必要だというのが一般的でしょうが、「自分中心」という視点に立つと、これも「自分のため」と言えるでしょう。

「相手の了解を得ることで、安全に話すことができる」

という、自分の安全を確保するためでもあるのです。

「今すぐでなくても、あとでいいんです」
「可能でしたら、ここだけ、お願いしたいんです」
と、時間や分量を伝えることも、自分を傷つけない方法です。

自立というのは、「私を認める。相手を認める」ことが原則です。そのひとつが、相手に了解を得るというコミュニケーションスキルです。

最後までひとりでやり抜いても、自立や強さにはつながりません。

人に協力を依頼できる習慣とそのスキルをもつ人のほうが、よほど自立していると言えるのです。

最後までひとりで
頑張るのを
やめる

人に頼らないほうが「すごい」と頑張ろうとする

人に頼るスキルを磨き、気持ちよく作業

32 「責任を避けて行動しない」をやめる

過剰に「責任」を恐れる人たちがいます。

責任を負わないための最も確実な方法は、行動しないことです。

どんな行動もしなければ、失敗もなく、責任も生じません。

けれど、行動しなければ、失敗しない代わりに成功することもありません。


責任を恐れる人は、人の許可を得てから行動しようとします。そうすれば、行動した結果失敗したとしても、誰かのせいにできてしまいます。

「親があの学校に進学しろと言ったから」

「自分はちゃんと上司に確認したのに、自分で判断しろって言われたから」

「Aさんが、こうしたら?って言ったから」

あるいは、自分では行動しないけれど成功を手にしたい人は、他人にやらせます。人にやらせれば、失敗したときは、「どうして、そんなことをしたんだ」と、人のせいにできます。成功すれば、「自分がやらせたからだ」と、手柄を自分のものにすることもできるかもしれません。

もちろん、こんなやり方でうまくいったり得したりすることもあるでしょうが、いずれトラブルが起こるでしょうから、賢い方法とは言えません。

ではどうして、責任を負うことを恐れてしまうのでしょうか。

それは、物事を否定的な思考で捉えてしまうからです。

休憩するにも、責任をとりたくない人

〝考える〟ことや〝思考〟にとらわれていると、〝感じる〟ことが疎かになってしまいます。

ましてや、多くの人たちがしてしまう思考というのは、不安や焦りや、ネガティブなものが少なくありません。

そんな思考によって生じる「気分や感情」の中に溺れていれば、喜びをもって生き

ることは難しくなっていくでしょう。

188ページで紹介したように、ゆっくり休憩することも、相手が認めてくれないと、できないという人もいます。

「いったん会社に行って、周囲に、風邪を引いて具合が悪そうとアピールしてからでないと、休めません」

このような、相手に認めてもらい、責任を追わない状態になってからしか動けないという他者中心の意識では、自らの手で、人間関係をわずらわしくするでしょう。

頭の中で膨れあがった「責任」から解放される

このように責任を恐れる背景には、何があるのでしょうか。

おそらく、実際以上の「過剰な責任」を抱え込んでいるのではないでしょうか。

たとえば、人を基準にして「あの人はAができているのに、私はAができていない」と考えて自分をダメだと思うとしたら、「責任を過剰に捉えている」ということになります。

上司に「期待しているよ」と言われれば、その期待に応えようとしたり、応えられないと悩むのは、責任を過剰に捉えているということになります。

相手の役割に首を突っ込んで、自分のやり方を押しつけようとするのも、過剰に責任を請け負うことになります。

自分の責任ではないことを、あたかも自分の責任であるように感じてしまうから、「責任をとる」のが怖くなってしまうのです。


責任を過剰に恐れ、どんな行動も許可なしでは動けない状態から脱するためには、〝感じる〟ことです。

このようにお話しすると、恐怖心の強い人は、

「いつもいつも、恐怖を感じています。責任をとれと言われると、怖くてしかたありません。今までも、管理職やチームのリーダー役などはなるべく避けてきました」

などと答えます。そして、

「ただでさえ怖いと感じているのに、〝感じろ〟と言われると、もっと怖くなります」

と、想像でもっと怖くなるに違いないと決めつけています。

「自分中心」心理学の「怖さを感じる」とは、恐怖に向き合えという意味とは異なります。「怖がってはいけない。逃げてはいけない」などと、自分の恐怖と戦うというニュアンスではありません。

背負った責任への恐れも〝感じる〟こと

「自分中心」心理学において、怖さを感じるということには二つの意味があります。

まずひとつは、**「怖がっている自分がいるとしたら、そんな自分を認める」**ということです。

認めるというのは、本書でこれまでお話ししてきた通り、自分の〝感じた〟ことを素直に受けとるということです。

もうひとつは、**「自分が、どんな場面で、怖いと感じているのか。何を怖がっているのか」ということを、具体的に知る**ということです。

過剰な責任から自分を解放するために、自分が「どんな場面で恐れを抱いているのか」を、知る必要があるでしょう。

それを特定するために、

「今、何に対して、怖いと感じたのか。負担だと感じたのか」と、具体的に把握できてはじめて、「過剰に感じている責任」の重荷を下ろすことができるのです。

そうすれば、「責任をとるのが怖くて行動できない」という呪縛から解放され、自分の意志で思う通りに行動できるはずです。

「責任を避けて行動しない」をやめる

責任をとってくれる「誰か」が現れるまで行動できない

「過剰な責任」から解放され、自分の意志で行動

著者 — 石原加受子（いしはら・かずこ）

心理カウンセラー。「自分中心心理学」を提唱する心理相談研究所「オールイズワン」代表。日本カウンセリング学会会員、日本学校メンタルヘルス学会会員、日本ヒーリングリラクセーション協会元理事、厚生労働省認定「健康・生きがいづくり」アドバイザー。「自分を愛し、自分を解放し、もっと楽に生きる」ことを目指す、自分中心心理学を提唱。性格改善、対人関係、親子関係などのセミナー、グループ・ワーク、カウンセリングを28年続け、多くの悩める老若男女にアドバイスを行なっている。著書に『「しつこい怒り」が消えてなくなる本』（すばる舎）、『仕事も人間関係も「すべて面倒くさい」と思ったとき読む本』（中経出版）、『願いが叶う人の「無意識」の習慣』（ぱる出版）、『金持ち体質と貧乏体質』（KKベストセラーズ）など多数。

著者ホームページ　http://www.allisone-jp.com/

デザイン — 阿部美樹子

イラスト — matsu（マツモト ナオコ）

わずらわしい人間関係《にんげんかんけい》に悩《なや》むあなたが
「もう、やめていい」32のこと

2017年3月1日　第1刷発行

著　者 — 石原《いしはら》　加受子《かずこ》
発行者 — 中村　誠
製版所 — 株式会社公栄社
印刷所 — 玉井美術印刷株式会社
製本所 — 株式会社越後堂製本
発行所 — 株式会社　日本文芸社
〒101-8407　東京都千代田区神田神保町1-7
TEL 03-3294-8931（営業）　03-3294-8920（編集）

Printed in Japan　112170215-112170215 Ⓝ01
ISBN978-4-537-21450-5
URL http://www.nihonbungeisha.co.jp/

（編集担当：前川）